职业教育汽车类专业一体化系列教材

汽车车身涂装
一体化教程

主　编　韦邦令
副主编　陈立刚　邓海军
参　编　杨秀志　孙倩娜　罗彪珂　黄　翱
主　审　殷维清

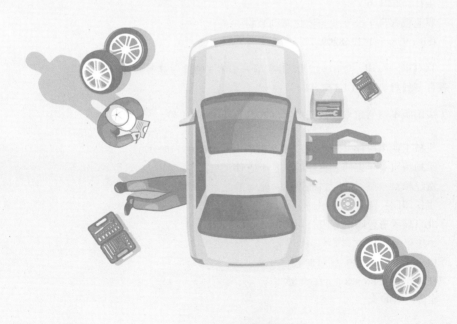

机械工业出版社

本书根据职业院校汽车钣金与涂装专业人才培养方案和课程标准，国家职业技能标准汽车维修工五级、四级、三级标准中的汽车车身涂装修复工典型工作任务，结合现代职业教育的特点编写而成。

本书主要内容包括 5 个工作项目，分别是损伤区处理、中涂漆喷涂、调色、面漆喷涂、漆面抛光；共 13 个工作任务，包括表面前处理、刮涂及打磨原子灰、喷涂中涂漆前遮蔽、喷涂中涂漆、打磨中涂漆、水性漆调色、水性银粉漆微调、喷涂单工序面漆、喷涂双工序银粉漆、喷涂水性银粉漆、喷涂清漆、打磨漆面缺陷、抛光漆面。

本书可以作为职业院校汽车类专业教材，也可以作为职业技能培训用书，还可以作为相关从业人员的学习参考书。

图书在版编目（CIP）数据

汽车车身涂装一体化教程/韦邦令主编．—北京：机械工业出版社，2021.6

职业教育汽车类专业一体化系列教材

ISBN 978-7-111-68209-7

Ⅰ.①汽… Ⅱ.①韦… Ⅲ.①汽车－车体－喷涂－高等职业教育－教材 Ⅳ.①U472.44

中国版本图书馆 CIP 数据核字（2021）第 086804 号

机械工业出版社（北京市百万庄大街22号　邮政编码100037）
策划编辑：于志伟　责任编辑：于志伟
责任校对：王　欣　封面设计：张　静
责任印制：郜　敏
北京瑞禾彩色印刷有限公司印刷
2021年7月第1版第1次印刷
184mm×260mm・13.25印张・315千字
标准书号：ISBN 978-7-111-68209-7
定价：49.00元

电话服务　　　　　　　　　网络服务
客服电话：010-88361066　　机　工　官　网：www.cmpbook.com
　　　　　010-88379833　　机　工　官　博：weibo.com/cmp1952
　　　　　010-68326294　　金　书　网：www.golden-book.com
封底无防伪标均为盗版　机工教育服务网：www.cmpedu.com

前　言

　　本书根据国家职业技能标准汽车维修工五级、四级、三级标准中的汽车车身涂装修复工技能要求和企业岗位能力要求，通过与行业、企业专家详细分析汽车车身涂装修复工实际工作过程，梳理并归纳出学习性的工作任务，以典型的学习性工作任务为学习任务，以具体的工作过程为学习内容，以实际的工作环境为学习背景编写而成。全书共有 5 大工作项目、13 个工作任务。

　　本书采用理论与实践一体化的编写模式，把相关理论知识及方法的学习和工作任务的实施两个环节与过程有机地结合起来，与职业技能标准对接，突出了学生专业技能、职业能力的培养，体现"以学生为主体，以职业需求为导向"的教育观，具有较强的针对性和实用性。

　　本书主要具有学做结合，形式与结构新颖；任务典型，过程完整，安全与质量并重；理论适用，技能突出，步骤与方法明确；图文并茂，通俗易懂，授课与自学容易等特点。本书可以作为职业院校汽车类专业的教材，也可以作为职业技能培训用书，还可以作为汽车车身涂装修复工的学习参考书。

　　参加本书编写的人员有的来自教学一线，有的来自汽车维修行业，他们都具有丰富的教学或实践经验。在编写过程中，本书注意"以职业活动为导向，以能力为本位，以学生为中心"，编写风格采用"理实一体化"，具体框架为：任务描述——学习目标——相关知识——技能训练——信息收集——制订计划——实施计划——检查与考评——评价反馈——知识巩固。

　　本书由韦邦令担任主编，殷维清任主审，陈立刚、邓海军担任副主编，项目一由罗彪珂编写，项目二由杨秀志编写，项目三、项目四的任务三、任务四由韦邦令编写，项目四的任务一由黄翱编写，项目四的任务二由孙倩娜编写，项目五由陈立刚、邓海军编写。

　　由于编者水平和经验有限，书中难免有错误和不妥之处，敬请广大读者批评指正，提出宝贵的意见和建议，以便修订时加以改正。

编　者

目 录

前　言
项目一　损伤区处理 · 1
  任务一　表面前处理 · 2
  任务二　刮涂及打磨原子灰 · 14

项目二　中涂漆喷涂 · 27
  任务一　喷涂中涂漆前遮蔽 · 28
  任务二　喷涂中涂漆 · 34
  任务三　打磨中涂漆 · 53

项目三　调色 · 61
  任务一　水性漆调色 · 62
  任务二　水性银粉漆微调 · 81

项目四　面漆喷涂 · 91
  任务一　喷涂单工序面漆 · 92
  任务二　喷涂双工序银粉漆 · 100
  任务三　喷涂水性银粉漆 · 109
  任务四　喷涂清漆 · 118

项目五　漆面抛光 · 125
  任务一　打磨漆面缺陷 · 126
  任务二　抛光漆面 · 134

参考文献 · 140

项目一

损伤区处理

一辆汽车的外观绝大部分是车身涂层，车漆的亮度、光泽、颜色能够给人带来极大的视觉享受。汽车在使用过程中，因刮擦、碰撞等多种外部因素导致车漆表面出现损伤时，会影响汽车原本光鲜亮丽的外表。

本项目要求学生在完成表面前处理、原子灰的刮涂及打磨时做到规范穿戴个人防护用品，安全操作；能根据工艺流程进行规范的表面前处理；刮涂前完成清洁工作，正确施涂环氧底漆；正确刮涂原子灰；打磨方法正确，打磨后没有砂眼，没有砂纸痕；确保原子灰平顺；操作完毕后，按6S要求整理工位（工具设备复位，工位清洁，废物统一放置在规定的废弃物容器内）；互相学习和交流相关专业知识和技能方法，做到熟练掌握，灵活运用。

本项目的任务有：

任务一　表面前处理

任务二　刮涂及打磨原子灰

任务一 表面前处理

【任务描述】

一辆汽车右前车门受损,已进行钣金修复,按照4S店的作业流程,需转到涂装工位对受损车门板进行涂装修复作业,现要求对该车辆进行涂装修复的损伤确认与评估工作以及表面前处理。接下来我们一起进入表面前处理的学习。

【学习目标】

目标名称	目标内容
知识目标	1. 明确表面前处理的含义和必要性
	2. 掌握双动作打磨机、干磨手刨、打磨辅料的选择与使用方法
技能目标	1. 能使用双动作打磨机、干磨手刨、打磨砂纸等打磨辅料去除旧涂膜和羽状边打磨
	2. 能正确使用清洁剂、除油剂清洁工件表面
情感目标	1. 培养学生爱岗敬业的职业操守
	2. 培养学生良好的服务意识

建议学时:18学时。

【相关知识】

一、汽车车身底材种类及不同的前处理方法

表面前处理指的是在进行涂装前(包括原子灰刮涂)对底材表面的相关处理工作,一般包括清洁、脱脂、除锈、除旧漆、粗化、打磨羽状边等工序。表面前处理是涂装工艺的重要一步,表面前处理质量的好坏将直接影响整个涂层质量。

不同材料需要采用不同的涂装工艺,在汽车涂装修复前,清楚了解其部件底材及特性,从而采用正确的表面前处理工艺,否则就可能造成涂膜脱落等质量缺陷。目前汽车乘用车车身主要采用双面镀锌钢板,随着现代汽车工业的发展,出于汽车轻量化的需要,越来越多的车型使用其他材料(如铝合金、碳纤维等),有些车型的翼子板、发动机舱盖也考虑使用塑料部件。

镀锌钢板是在钢板表面镀了一层锌,这层镀锌层在钢板上形成一道隔离层,当与空气接触时,锌氧化形成一层氧化锌,钢板却不会被氧化,这种现象称为阳极保护。镀锌钢板比普通钢板的使用寿命长几倍甚至十几倍,这就大大提高了汽车车身的耐蚀性,故镀锌钢板在车身上的使用最为普遍。但要注意,涂装时应参照产品说明书选择能够在镀锌钢板上施涂的底

漆、原子灰，否则可能出现附着力不良的现象。一般来说，环氧底漆、侵蚀底漆、钣金原子灰都能够保证在镀锌钢板上良好的附着力。

铝比锌活动性强，纯铝的机械强度较低，汽车部件采用的都是加入少量其他金属元素（如镁、铜、锌等金属）制成的铝合金，机械强度大为提高，且密度相当于钢材的1/3，能满足汽车车身轻量化的要求，使车辆更节省燃油、操控性更好且相对更为安全。但由于其成本较高，所以许多车身采用铝合金底材代替钢材制作部分面积较大的车身覆盖件，以减小质量，例如奥迪A6、标致307和欧宝维特C的发动机舱盖采用铝合金制造，部分豪华车车身采用全铝合金制造，例如奥迪A2和A8、捷豹XJ。

铝合金底材涂装时，要参照产品说明书选择能够在铝合金板材上施涂的底漆、原子灰，否则可能出现附着力不良的现象。一般来说，铝合金底材上施涂环氧底漆、侵蚀底漆、钣金原子灰都能够保证在铝合金底材上良好的附着力。由于侵蚀底漆为酸性，能溶解表面的氧化铝薄膜，故铝合金表面使用侵蚀底漆比环氧底漆附着力更好。

二、表面前处理的主要目的

1）增强后续涂层在底材上的附着力。
2）提高后续涂层的抗腐蚀能力。
3）防止后续涂层出现涂膜缺陷。

三、评估板件损坏程度

可以用目测、触摸、尺量3种方法综合判断板件损伤区域范围及深度。

1）目测法是指利用光线从侧面观察判断变形范围。
2）触摸法是指用手轻贴于工件表面，沿掌根到指尖的方向慢速移动，利用手掌、手指感觉工件表面对手的压力的变化来感知变形范围。触摸法是涂装维修技术人员的核心技能之一，在判断损伤范围和判断原子灰平整度时，都是最为重要的方法。
3）尺量法是指将直尺垂直贴在损伤区域，从侧面观察直尺边缘与工件表面的缝隙间距，以此来确定损伤的范围和深度，这种方法只适合用于平面。

如果变形区域内有高点或深度过深，则需要汽车车身整形修复工重新钣金整形至合格。

四、干磨系统

按照与吸尘系统的区别，以及和打磨机、手刨连接方式的区别，干磨系统有移动式打磨系统、中央集尘打磨系统和悬臂式打磨系统3种常见的类型。高质量的干磨系统配合正确的砂纸及工艺，均可将90%以上的打磨灰尘吸进吸尘桶里，打磨操作人员只要在干磨时佩戴防尘口罩，就完全可以避免打磨粉尘的危害。

1）移动式打磨系统如图1-1所示。移动式打磨系统可连接气动或电动打磨机及干磨手刨。移动式打磨系统移动方便，使用时要连接电源和气管，使用位置会受到电源、气管的位置影响，一旦较远，地面上的电源线、气管就会影响车辆及人员的移动。

2）中央集尘打磨系统如图1-2所示。一般每个中央集尘主机可连接4～8个打磨终端，每个打磨终端可同时接两个电动或气动打磨机及干磨手刨。中央集尘中心配有大功率的吸力泵,中央集尘打磨系统主机内装有 40~50L 的集尘桶;另外配置有先进的微处理控制系统,采用多层重叠导流方式吸风,吸力强,吸尘效果好。

图 1-1　移动式打磨系统　　　　图 1-2　中央集尘打磨系统

3)悬臂式打磨系统如图 1-3 所示。其特点是电源线和气管都从空中的悬臂走,经悬臂下进到打磨终端,延伸距离一般可达 6m,操作人员及车辆不会受到地面上的电源线及压缩气管影响。

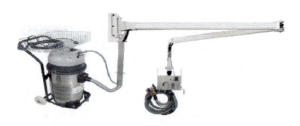

图 1-3　悬臂式打磨系统

五、打磨机

1. 打磨机的分类及常用类型

打磨机根据动力可分为电动式和气动式,根据形状可分为圆形打磨机和方形打磨机,根据运动模式可分为单动作和双动作。在汽车涂装维修行业里,较常使用的是气动单动作打磨机和气动双动作打磨机,商用车部件面积较大,使用方形打磨机较多;轿车部件面积小,弧度、线条多,常用圆形打磨机。使用气动打磨机的优点是连接供气软管方便、安全,只要压缩空气气压和供气量充足,能保证打磨速度、打磨效果即可。

2. 单动作打磨机与双动作打磨机的区别

单动作打磨机(图 1-4)的打磨盘是进行单向圆周运动的,特点是切削力强,非常适合于除锈、除漆,可用于车身钣金修复及涂装做底工作。打磨盘的中心和边缘存在转速差,使用该打磨机时不能把它平放在打磨面上,而要轻微倾斜。

圆形双动作打磨机(图 1-5)的旋转轴为偏心轴,打磨盘沿偏心轴旋转时会同时有双重运动,故称为"双动作",打磨效果比较均匀。双动作打磨机偏心距的大小有很多种,偏心距越大,越适合于粗磨,常见的偏心距有 1.5mm、2mm、2.5mm、3mm、4mm、5mm、6mm、7mm、9mm、11mm 和 12mm 等。

图 1-4 单动作打磨机

图 1-5 圆形双动作打磨机

方形打磨机属于直线偏心运动打磨机,运动方式为沿着椭圆轨迹做往复运动,打磨机各个部位的研磨力和切削力都比较均匀,不易产生打磨不均匀的缺陷,但由于研磨盘面积大,比较难以磨出较大的弧度,故一般用于较大面积平面部位的原子灰整平。

方形打磨机(图 1-6)常见的尺寸是宽度 70mm、长度 198mm 或 400mm,也有 115mm×208mm 规格的,可根据打磨工件的尺寸选择合适的方形打磨机。其偏心距常见的有 3mm、4mm、4.8mm 和 5mm。

无论使用何种打磨机,为了避免打磨机高速运转状态下突然接触工件表面产生过大的冲击力造成较重的打磨痕迹,最好将打磨机放在工件表面上以后再开动。

图 1-6 方形打磨机

3. 双动作打磨机的使用要点

不同偏心距的双动作打磨机所适合的打磨操作不同,见表 1-1。

表 1-1 不同偏心距的双动作打磨机所适合的打磨操作

偏心距/mm	适用打磨
9~12	除锈、除旧漆
7~9	除漆、打磨羽状边、粗磨原子灰
4~6	细磨原子灰,原子灰周围区域打磨,喷涂中涂漆前打磨电泳底漆、旧漆
3~6	面漆前打磨中涂漆、旧漆
1.5~3	抛光前打磨

4. 托盘、托盘保护垫及中间软垫

安装在圆形打磨机上粘连砂纸的打磨垫通常称为托盘。其都为尼龙搭扣式,能方便、快速、牢固粘贴干磨砂纸,装卸快速、方便。打磨机托盘有硬托盘、半硬托盘和软托盘 3 种。

① 硬托盘用于相对较粗的打磨,如除漆、原子灰粗磨。

② 半硬托盘用于相对较细的打磨,如原子灰细磨、中涂漆涂装前打磨、中涂漆涂装后

粗磨。

③ 软托盘配合偏心距为3mm的双动作打磨机使用，用于相对较细的打磨，如中涂漆涂装后、面漆涂装前细磨。

为了保护托盘，延长其使用寿命，可以使用打磨保护垫，如图1-7所示。此外，还有一种在托盘上通过尼龙搭扣粘连使用的中间软垫，较软托盘更软一些，可用于面漆涂装前打磨弧度、线条等位置，避免对工件表面造成不必要的过度打磨，同时可以保护打磨机托盘，如图1-8所示。

图1-7　打磨保护垫

图1-8　中间软垫

六、打磨手刨

车身很多部位都有一定的弧度及线条，还有一些边角部位，手工打磨易于根据需要从不同的角度进行，打磨平整的同时打磨出需要的形状。因此干磨实际上包括机器打磨和手工打磨两种形式，绝不要误解以为干磨只是指用干磨机打磨。只是根据打磨工件的不同和涂装维修人员熟练度的不同，使用两种打磨方式的比重有所不同。

打磨垫板有很多种，通常行业内把水磨用打磨垫板称为磨板，而干磨用打磨垫板配有吸尘管及尼龙搭扣以粘连砂纸，行业内通常称为手刨，如图1-9所示。

手刨往往还用于喷涂中涂漆之后的粗磨。原因是弧度、线条及边角部位用手刨或者打磨软垫才能比较容易打磨；另外，原子灰部位、划痕打磨羽状边部位喷涂中涂漆后，需要用打磨原子灰的类似方法，把中涂漆填充后的较高部位针对性地磨下去，这样才能使整个表面平整。手刨常见的尺寸是宽度为70mm，长度有125mm、198mm或420mm，也有115mm×230mm规格的，可根据常见打磨工件的尺寸

图1-9　手刨

选择。手刨虽然与有些方形打磨机的尺寸类似，但两者作用完全不同，并且不能互相代替。常见的用于水磨的打磨垫板有硬橡胶垫和海绵垫。硬橡胶打磨垫板材质硬度适中，适合于配合不同砂纸做喷涂面漆前各个环节的打磨。海绵垫适用于抛光前垫上细水砂纸磨平脏点、桔皮等，因为海绵垫较软，不易对漆面造成不必要的伤害。

七、水磨的缺点及干磨的优点

打磨是汽车涂装维修中花费时间最多的作业，去除旧漆，打磨原子灰，打磨中涂漆、旧漆面，加上抛光前打磨，花费的工时通常达到60%左右。所以打磨的速度对于涂装维修速度有着至关重要的影响，因此本项目的学习内容全部采用干磨进行练习。

涂装维修行业中比较传统的打磨方式是手工水磨，打磨效率低，但随时能够用水冲去打磨粉尘，易于借助水在工件表面上的反光亮度检查缺陷、判断平整度，也易于通过手感判断打磨的平整度。但手工水磨有以下缺点：

1）易造成质量缺陷。打磨裸金属容易生锈；打磨原子灰时，原子灰会吸收一定水分，易造成起泡、生锈等缺陷。

2）效率低。手工水磨的工作效率较低，目前汽车原厂漆和维修使用的双组分面漆硬度较高，质量较好的原子灰往往打磨难度较大，使得工人的劳动强度较大，打磨完成后工件表面需要用水冲洗干净后再用压缩空气吹干，清洁工作需要花费很多时间和成本。

3）工作环境差，对操作人员身体不利。操作人员的双手长期接触水，车间地面比较湿滑，防水的鞋子透气性会比较差，这些都会对身体健康造成危害。冬季气温低时更不利于涂装技师进行水磨，即使给涂装技师提供热水用于水磨，也不能解决上述问题，还增加了成本。正由于存在以上问题，在汽车涂装维修行业全部采用干磨已是一个必然趋势，因为它更有利于环保，更有利于涂装技师的健康，且效率高，打磨速度能达到手工水磨的2倍左右。

【技能训练】

一、工具、设备及辅料准备

本项目所需的工具、设备及辅料见表1-2。

表1-2 所需的工具、设备及辅料

防护用品	除油布	5号打磨机

干磨系统	除油剂喷壶	除油剂

（续）

 干磨砂纸	 红色菜瓜布	 打磨保护垫

二、准备工作

1. 正确穿戴安全防护用品

	操作要点：正确戴防护眼镜、防尘口罩、棉纱手套和穿工作服、安全鞋等防护用品

2. 检查表面前处理材料是否齐全

	操作方法：根据表面前处理所需耗材进行准备

三、实操训练

1. 用清洁布擦拭板件

	操作方法：除尘时可单独使用吹尘枪对板件进行除尘处理；也可用清洁布直接擦拭，将灰尘清理干净

项目一 损伤区处理

2. 更换防毒面具、防溶剂手套

操作方法：正确戴防护眼镜、防溶剂手套、防毒面具和穿工作服、安全鞋等防护用品

3. 采用油性除油剂进行除油处理

操作方法：方法一，利用耐溶剂的喷壶将除油剂均匀地洒满工件表面，使油污溶解，并在除油剂未自行挥发干燥前用清洁布将其擦干。方法二，准备两块清洁布，将一块清洁布用除油剂润湿后，把工件擦拭一遍，用另一块清洁布将留在工件上的除油剂擦干，以此方法可以完成整个工件的除油处理

操作要点：擦拭时应先大面，后边缘、角落，注意不得来回擦拭，以避免造成二次污染；每次擦除的面积与除油剂的挥发速度、环境温度有关，以擦拭前除油剂没有自行挥发干燥为准。两种除油方法都需强化练习，以适应不同的工作场合

4. 评估板件损伤情况

操作方法：检查板件，确定板件的损伤位置及损伤程度

操作要点：使用目测、触摸、尺量3种方法评估损伤区域，从而确定损伤范围和程度

5. 选用5号或7号打磨机

操作要点：清除旧涂层时，需要选用切削力较大的偏心距为5mm或7mm的双动作打磨机，以提高工作效率

9

6. 选择 P80 砂纸

操作要点：为确保施工效率及质量，应根据板件表面原涂层的厚度及板件的材质来选择合适型号的砂纸进行旧涂层的清除工作。工件表面只有电泳底漆时，可使用 P120 砂纸；工件表面为完整的原厂漆层时，可使用 P80 砂纸；工件表面经过喷漆修补时，可使用 P60 砂纸

7. 将 P80 砂纸粘在 5 号打磨机上

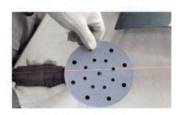

操作要点：砂纸的孔洞要与打磨机的孔洞对齐，以免影响打磨吸尘效果

　　为了保护打磨机托盘，要在打磨机托盘上安装打磨保护垫

8. 将打磨机连接到干磨设备

操作方法：按照顺时针方向旋转打磨头，至接口完全接好为止

9. 调整打磨机转速

操作方法：按动开关，用左手调节转速控制调节旋钮，调节到合适打磨的转速。若打磨机转速太快，容易产生过度打磨；若转速太慢，则影响打磨效率

10. 打开吸尘开关

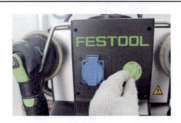

操作方法：将打磨机启动模式开关调至"AUTO"档，如果不打开开关，按动打磨头开关后，打磨机只能打磨，无法吸尘

11. 用打磨机清除旧涂层

操作方法：先将打磨头放置在板件损伤部位，再启动打磨机。使用打磨机清除旧涂层时，应根据板件的形状和损伤的面积适当调整打磨机与板件之间的夹角，确保旧涂层清除的范围不小于损伤区域即可

操作要点：打磨时，打磨机与板件的角度控制在5°～10°，不要太用力压打磨头。如果将已经转动的打磨头放置在板件上，会很难控制，容易打磨到没有损伤的部位

12. 用P80砂纸手工清除凹坑内的旧涂层

操作要点：为确保最终的涂层质量，必须将其彻底清除干净。但由于常用的打磨机尺寸较大，无法打磨到凹坑内的旧涂层，此时可换用小尺寸的打磨工具（如带式打磨机）或直接用手工打磨清除

采用手工打磨时，可先用刮刀铲除部分旧涂层，再将砂纸折叠后进行打磨，此操作可提高工作效率。注意：用刮刀铲除旧涂层时用力不得过大，避免划伤工件及周围的涂层

13. 更换P120砂纸

操作方法：在清除旧涂层后，为了便于原子灰的施工，需要用P120砂纸研磨羽状边

14. 打磨羽状边

操作方法：使用P120砂纸对损伤区周围的涂层向四周打磨开，使裸金属与原涂层的结合部形成平滑的斜面（即为羽状边），像羽毛的边缘那样极其平顺地过渡，不可出现台阶，否则在重新喷涂后易出现明显的痕迹

操作要点：沿着裸金属的边缘做"画圆"切削式打磨。打磨时磨头与板件角度控制在5°～10°，羽状边的形状要规则（以圆或者椭圆为基准，切不可将边缘磨成锯齿状），便于原子灰施工；对于未曾修补过的涂层，羽状边的宽度打磨至3mm为宜；对于已经修补过多次的涂层，每层至少研磨5mm宽度

15. 打磨羽状边磨毛边（更换 P180 砂纸）

操作要点：使用 P180 砂纸主要是为了增强原子灰和涂层之间的附着力。如果砂纸选择过细，原子灰附着力降低，容易脱落；如果选择砂纸过粗，容易导致重新喷涂后产生明显痕迹

磨毛区范围一般以 30～50mm 为宜，同时要求形状规则

16. 打磨羽状边磨毛区

操作方法：打磨头放置在羽状边的外围，起动打磨机，将转速调整合适，不要用力下压磨头，沿着羽状边外围研磨出圆形磨毛区

操作要点：将周围的旧漆层磨至完全没有光泽即可，不可过度打磨，以防形成新的不平

17. 羽状边磨毛区打磨后效果

操作要点：一般打磨至羽状边边缘 30～50mm 的区域即可。如果是喷涂底漆，为了避免贴护范围太小，产生严重的喷漆台阶，应该打磨至羽状边边缘 100～150mm 的区域

18. 表面清洁除油

1）更换防毒面具、防溶剂手套。

操作要点：正确戴防护眼镜、防溶剂手套、防毒面具和穿工作服、安全鞋等防护用品

项目一 损伤区处理

2）对板件进行除尘。

操作方法：用除油布擦拭粉尘，依次从上到下、从左到右擦拭干净。不采用气枪吹尘，以免污染工位

3）对板件进行除油。

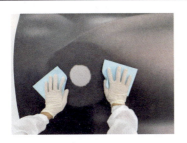

操作方法：使用两块专用除油布清洁，先用一块除油布蘸湿除油剂擦湿工件表面，然后用另一块干除油布擦干。还有一种高效率的做法，是使用耐溶剂的塑料喷壶将除油剂喷涂到工件表面，然后用一块干除油布擦干

19. 6S 整理

1）整理打磨设备、工具。

操作方法：整理好打磨软管及气管，并恢复归位，关闭干磨机起动开关，同时在不使用打磨机的情况下关闭吸尘器主机开关

2）整理工作台。

操作要点：将除油剂、砂纸复位到工作台上，对除油剂喷壶、工具、工具车进行清洁、整理，做好场地清洁、打磨机和工具车的归位等工作

13

任务二
刮涂及打磨原子灰

【任务描述】

一辆汽车的右前车门受损,需要进行喷漆,在喷漆前,需要对车门进行防锈处理、原子灰刮涂及打磨来恢复原来的形状,其表面已经做过表面前处理,接下来我们一起进入环氧底漆施涂、原子灰刮涂及打磨的学习。

【学习目标】

目标名称	目标内容
知识目标	1. 掌握原子灰的种类及作用
	2. 掌握选择打磨机、干磨砂纸的方法
技能目标	1. 能按要求刮涂原子灰
	2. 能使用打磨机、干磨手刨及干磨砂纸干磨原子灰
情感目标	1. 培养学生爱岗敬业的职业道德
	2. 培养良好的工作习惯和安全意识

建议学时:12 学时。

【相关知识】

一、原子灰的特性

1)与底漆、中涂漆及面漆有良好的配套性,不易发生咬底、起皱、开裂、脱落等现象,有较强的层间黏合力。

2)具有良好的刮涂性能,垂直面厚涂性良好,无流质现象,有一定韧性,附着力好,刮涂时原子灰不反转,薄喷时原子灰层均匀光滑。

3)打磨性良好,原子灰层干燥后软硬适中,易打磨,不粘砂纸,干磨和湿磨均能适用。打磨后,原子灰层边缘平整光滑且无接口痕迹。

4)干燥性能良好,能在规定时间内干燥、打磨。

5)形成的原子灰层有一定的韧性和硬度,以防汽车在行驶中振动引起原子灰开裂、轻微碰撞引起低凹或划痕。

6)打磨好的原子灰层具有较好的耐溶剂性和耐潮湿性,不易引起涂层起泡。

二、原子灰的类型

（1）普通原子灰　普通原子灰由不饱和聚酯树脂、填料、少量颜料及苯乙烯配制而成，要和固化剂调配后才能使用。普通原子灰具有干燥速度快，受气候影响小，原子灰层牢固，附着力强，不易开裂，刮涂、堆积、填充性能好，硬度高，打磨性好，表面细滑光洁，固化后收缩性小等特点，可以和多种配套性油漆使用，可以大幅度提高施工的效率和产品质量，因此被广泛使用。普通原子灰适用于钢铁底材，但不能直接用于镀锌板、不锈钢板、铝合金板和经过磷化处理的裸金属表面，在这些金属表面上涂一层隔绝底漆（环氧底漆）后才可以使用普通原子灰进行刮涂。

（2）合金原子灰　合金原子灰又称为金属原子灰，除了可用于普通原子灰所用的表面外，也可以直接作用于镀锌板、不锈钢板和铝金属板等，表面不需要喷涂一层隔绝底漆；但是不能用于被磷化处理的裸金属表面。合金原子灰使用方便且性能好，但是价格高于普通原子灰。

（3）纤维原子灰　纤维原子灰的填充材料含有纤维物质（一般为玻璃纤维），干燥后质轻、附着力强、硬度大，可以直接填充直径小于 50mm 的孔洞或锈蚀而不需要钣金修复，对孔洞的隔绝防腐能力很强；用于比较深的金属凹陷部位，填补效果良好；但表面呈现多孔状，需要用普通原子灰做填平工作；适用于钢铁板、镀锌板、铝合金板及塑料纤维板等表面。

（4）塑料原子灰　塑料原子灰专用于塑料件的修复填补作业，调和后呈膏状，可刮涂，也可以喷涂，和塑料底材有着良好的附着力，干燥后质地柔软，打磨性能好，可以干磨，也可以湿磨。

（5）幼滑原子灰　幼滑原子灰也称为快干填眼灰或幼滑填眼灰，一般为单组分，其膏体极其细腻，主要用于填补细小砂纸痕迹、针孔及微小的凹陷等。幼滑原子灰干燥时间短，随取随用，不加固化剂，干燥后易于干磨，适用于细小缺陷的填补；但其填补能力较差且不耐溶剂，易于被面漆中的溶剂"咬起"，所以不能用于大面积刮涂。

三、工具、设备的认识

1. 刮刀与调和板

刮刀是用来将原子灰刮涂到工件上的手工工具，根据制作材料的不同，可以分为橡胶刮刀、塑料刮刀、金属刮刀等；根据其软硬程度可分为硬刮刀和软刮刀，如图1-10所示。

硬刮刀：有一定的硬度，易刮涂平整及填充缺陷，适用于刮涂大的凹坑及平面部位。

软刮刀：有一定的柔韧性，适用于刮涂非平面部位。

图 1-10　刮刀

金属材料可以根据需要制成不同规格、不同软硬程度的刮刀，加工方便，通用性强，所以目前使用较多。

使用刮刀时要注意以下两点：

1）刮刀的刮口要保持平直，在使用或清洗时不能使刀口出现齿形、缺口、弧形、弓形等。如果出现变形，在刮涂时则很难将原子灰刮平、刮好。

2）刮刀每次使用完毕之后，应先用刮刀相互铲除干净，再用毛刷蘸溶剂清洗掉残留的原子灰。一定要避免原子灰固化在刮刀上，否则很难清除干净，影响下次使用，还有可能会导致刮刀变形。

调和板的主要作用是盛放原子灰，根据其制作材料的不同，可以分为钢板类的、塑料板类的、木板类的等。调和板根据需要可以制成不同的规格、形状，如图1-11所示。

2. 红外线烤灯

由于红外线烤灯能够通过辐射红外线电磁波快速升温进行加热、烤干，且使用方便，故在汽车涂装维修过程中，常使用移动式红外线烤灯加速干燥原子灰、底漆和面漆。由于短波（即近红外线）红外线烤灯电能辐射转换效率高达96%以上，而长波（即远红外线）红外线烤灯电能辐射转换效率通常为60%~75%，且短波红外线烤灯升温更快，故汽车涂装、维修行业较常使用的为移动式短波红外线烤灯，如图1-12所示。

图1-11 调和板

（1）移动式短波红外线烤灯的使用方法　设置合适的烘烤距离。红外线烤灯使用时，应保持灯头与被烤工件表面平行，灯头与被烤物面距离一般为60~80cm。有些红外线烤灯的烘烤距离可以近达25cm，具体需参照产品使用说明书。距离过近可能使工件升温过快、过高，导致溶剂泡或针孔；距离过远会降低烘干速度，导致辐射能源浪费。

（2）红外线烤灯的维护要点

1）更换、安装灯管时，必须确保红外线烤灯电源断开。

2）石英管上的污染物有可能会引起石英管局部过热，这会导致石英管损坏乃至爆裂。清理灯管时，首先要确保电源断开；其次，因为手上的汗液会污染石英管，故应佩戴乳胶手套，用干净的软布和酒精擦除污染物。

3. 炭粉指示剂

炭粉指示剂的主要作用是显示涂层缺陷，使用时，用海绵将黑色的炭粉均匀地涂抹到原子灰上，打磨之后，原子灰高的部位的炭粉会被打磨掉，残留有炭粉的部位说明有气孔或凹陷。炭粉指示剂如图1-13所示。

图1-12 移动式短波红外线烤灯

图1-13 炭粉指示剂

【技能训练】

一、工具、设备及辅料准备

本项目所需的工具、设备及辅料见表1-3。

表1-3 所需的工具、设备及辅料

 防护用品	 原子灰	 刮刀
 打磨指示剂	 环氧底漆	 除油剂喷壶
 除油布	 手刨	 干磨砂纸
 干磨系统	 红外线烤灯	 除油剂

二、准备工作

1. 正确穿戴安全防护用品

操作要点：在刮涂原子灰时需戴防护眼镜、防溶剂手套、防毒面具和穿工作服、安全鞋等防护用品

2. 检查面漆施工材料是否齐全

操作方法：根据原子灰刮涂及打磨所需耗材进行准备

三、实操训练

1. 对裸金属的部位施涂环氧底漆

1）调配环氧底漆。

操作要点：在裸金属表面施涂 P565-895 环氧底漆可提高金属的防腐能力，同时为原子灰、中涂漆提供更好的附着力。该环氧底漆干燥迅速，喷涂 1~2 道单层可达 15~20μm 膜厚 P565-895 环氧底漆调配比例见下表

环氧底漆	固化剂	稀释剂
P565-895	P210-8430	P850-2K
4 份	1 份	1 份

2）用除油布蘸取环氧底漆。

操作要点：对于表面需要刮涂原子灰填平的裸金属部位可采用刷涂或蘸涂的方法进行施工，这样可省去清洗喷枪的工作环节，更节省时间、节省材料

项目一 损伤区处理

3）在裸金属部位薄涂一层环氧底漆。

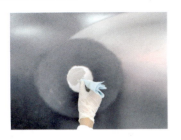

操作要点：环氧底漆只需涂抹在裸金属表面即可，同时注意不要涂抹得过厚，否则其干燥时间变长，会影响施工进度。涂抹后，可用红外线烤灯对其适当加热，以加快干燥速度

刮涂原子灰前需确保环氧底漆已干燥，否则容易被原子灰带起

2. 原子灰的施工

1）打开原子灰罐盖。

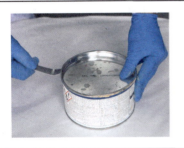

操作要点：罐装的原子灰密封性较好，需要使用专用工具打开原子灰罐盖，不允许用刮刀撬，以免刮刀变形

2）搅拌原子灰。

操作要点：原子灰中的填料易沉降，如果不将原子灰中填料、树脂和溶剂均匀混合，会影响原子灰的品质，造成表层原子灰过稀，填充性差；底层原子灰过稠，无法使用，浪费严重

搅拌时，应检查搅拌尺是否清洁；搅拌后，应尽量使原子灰表面光滑，以降低溶剂挥发的速度

3）取原子灰至调和板。

操作要点：根据板件的损伤情况，取适量的原子灰，以免浪费

原子灰为浆状物，为了使原子灰和固化剂能够混合均匀，应取原子灰至调和板上进行混合

4)均匀搅拌固化剂。

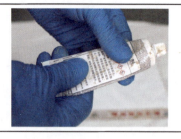

操作要点:固化剂久置后其主剂与助剂会出现分离情况,在使用之前应该让其均匀混合,否则将会影响原子灰的固化效果

以搓、捏的方式挤压固化剂,使得固化剂中的主剂与助剂混合均匀

5)取固化剂至调和板。

操作方法:根据原子灰用量、环境温度取适量的固化剂,具体用量请参考下表

原子灰/g	固化剂(%)	车间温度/℃
100	3	5~10
100	2	10~20
100	1	超过20

操作要点:若直接将固化剂挤在原子灰上,会造成原子灰局部固化过快,影响施工。操作时,应将固化剂挤在调和板上(原子灰附近即可)。初次使用时,可采用电子秤进行称量掌握比例,以便更快、更准确地添加固化剂

6)均匀调和固化剂。

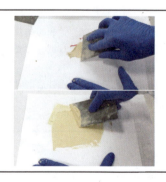

操作方法:用刮刀铲起固化剂,与原子灰充分调和;使用刮刀反复铲起并下压原子灰,混合至颜色均匀,不再能看到红色固化剂

操作要点:在温度较高的季节,活化寿命会进一步缩短,所以原子灰的调配和施工速度要快一些,应在其固化时间内尽快施工完毕

7)铲起原子灰。

操作方法:将所有搅拌好的原子灰全部铲起,以方便刮涂。做好刮涂原子灰的准备

项目一　损伤区处理

8）选用合适的刮刀。

操作要点：拿取刮刀后，先检查刀口是否平整，刮刀刀口平整度决定了刮涂效果

如果刮刀刀口不平整或有飞边，可用 P180～P240 砂纸打磨刀口，直至平整。若底材为铝及铝合金，应选用塑料刮刀

3. 刮涂原子灰

1）压灰。

操作方法：刮刀与板件成 75°左右的夹角，用力薄刮填住凹坑，以增强附着力

2）填灰。

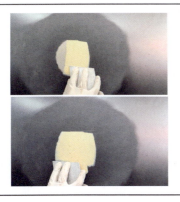

操作要点：填灰时角度（起刀部位 45°，中间部位 30°，收刀部位 15°）从大到小；填灰过程要求薄刮多层（刮涂第一层原子灰只求平整，不求光滑，对板件表面较大的凹坑刮涂只要初步整平；刮涂第二层原子灰仍以填平为主，比第一层要薄，局部刮涂时面积应略大于第一层原子灰的面积；刮涂第三层原子灰主要填充前两层原子灰留下的砂孔、砂痕以及遗漏的轻微凹陷），直至填平为止

每一层刮涂层均需要干燥，可以选用红外线烤灯加热干燥。具体刮涂层数以完全填补损伤区域为准，如果凹陷较大，需要多次薄刮；如果凹陷较小，通常两次刮涂即可填平凹陷

3）收灰。

操作要点：收灰时边缘要求薄且平顺，厚边会增加原子灰打磨的难度，打磨时很容易造成边缘有明显的接口痕迹

刮涂后原子灰需比原来的表面略高一些。如果太高，在打磨过程中，就要花费许多时间和力气来清除多余的原子灰。刮涂后，四周的残余原子灰要及时刮除干净，否则表面留下残余原子灰，干燥后会增加打磨的工作量

4）刮涂工具清洗。

	操作方法：将刮刀置于稀释剂中，用毛刷清洗干净，然后用除油布擦干 操作要点：刮刀应该及时清洗干净，否则残留在刮刀上的原子灰固化后，很难清洗干净。原子灰为有机、有毒物质，多余的原子灰不能随意丢弃，应及时放入装水的桶中，不能与其他易燃物（如用过的清洁布等）垃圾一起存放，否则会因原子灰固化过程中产生的热量而造成火灾

5）原子灰的干燥。

	操作要点：如果环境温度太低或者空气湿度太大，原子灰干燥固化速度就会减慢。为了缩短原子灰的干燥时间，可以通过红外线烤灯加热原子灰进行干燥。烤灯距离板件保持80cm左右；烘烤5~10min（烤灯温度设定为50℃，温度过低，干燥时间延长；温度过高，原子灰和固化剂干燥过快，导致原子灰过度收缩，易发生脱落或开裂）

4. 打磨原子灰
1）检查原子灰是否干燥。

	操作方法：在原子灰干燥过程中，可以用手指甲轻轻地刮原子灰边缘薄的部分，也可以拿P80的砂纸轻轻地打磨原子灰边缘薄的部分，检查原子灰是否已经干透。如果已经干透，则指甲不会粘上原子灰，并在原子灰上出现坚硬的白色痕迹

2）更换防尘口罩、棉纱手套。

	操作要点：在打磨原子灰过程中会产生粉尘颗粒物，需正确戴眼镜、防尘口罩、棉纱手套和穿工作服、安全鞋等防护用品

3）施涂打磨指示剂。

操作方法：挤压打磨指示剂盒，将指示剂涂抹均匀（原子灰表面有一层黑色即可，无须过深），指示剂用量不宜太多，否则会造成指示剂和砂纸一定程度的浪费

操作要点：在打磨时，打磨到的区域与未打磨到的区域在颜色上有一定的差异，以有利于观察打磨的程度，指示层被磨掉的部位即为高点，而未被磨掉的部位即为低点

4）选用手刨并接上气管。

操作要点：手刨、双作用打磨机、轨道式打磨机都可以用于原子灰的打磨。对于小面积原子灰的打磨，使用大小合适的手刨更容易控制打磨范围和效果；对于大面积原子灰的打磨可以使用双作用打磨机或轨道式打磨机，以降低劳动强度

5）启动干磨机吸尘系统。

操作方法：将打磨机的吸尘开关调到连续吸尘"MAN"档位

6）选择P80砂纸粗磨原子灰。

操作要点：使用P80砂纸粗磨原子灰只要求初步整平，不求光滑。打磨时应控制打磨范围，禁止超出原子灰刮涂区域，防止在旧涂层上留下过粗的砂纸痕。若原子灰表面刮涂较平整，此操作可省略。手工打磨时，注意沿手刨长度方向，顺板件流线型水平方向做来回往复运动。打磨来回幅度在不超出原子灰刮涂范围的前提下，要尽量长一些，以利于打磨平整，防止打磨过度造成凹坑

打磨原子灰要从P80干磨砂纸开始依次更换细砂纸，砂纸更换的幅度每次不应超过2个等级，也相当于不超过100号，具体需要参考不同品牌砂纸的使用要求

7) 用 P120 砂纸粗磨原子灰。

操作要点：更换砂纸前，在原子灰表面涂打磨指示剂，以便检查打磨效果。在粗整平后，选用 P120 砂纸进行打磨。P120 砂纸可以消除 P80 砂纸留下的粗砂痕，并将原子灰打磨至基本平整，折口线、外形线、弧形面造型恢复原状，注意线条的平直性。打磨时，尽量不超出原子灰刮涂区域

打磨时，手刨应尽量放平，与原子灰充分接触，沿板件的轮廓线做来回打磨运动，来回幅度要适当大一些，以利于打磨平整，但不能做圆周运动打磨，打磨过程中需经常用手触摸感觉原子灰的平整度。打磨到原子灰基本平整即可，不求光滑

8) 用 P180 砂纸打磨原子灰。

操作要点：更换砂纸前，在原子灰表面涂打磨指示剂，以便检查打磨效果。P180 砂纸较细，主要用来消除前面打磨中产生的砂纸痕及细小的缺陷

原子灰第 3 道打磨后，应达到平整光滑，无缺陷、无砂孔、边缘无接口，外表形状恢复原样等要求。此时以手工打磨为宜，有利于对弧形面的修正。以板件流线型水平方向为主，要注意凸出底材的折线、外形线的平直性，一般不要垂直方向或斜方向打磨，若底材因具体情况需垂直方向打磨，最后要从水平方向打磨修整，防止垂直方向出现过粗的打磨痕迹。对底材的圆弧、凹角等不宜用手刨打磨的部位，可用拇指夹住砂纸，4 指平压于底材上，然后均匀地来回摩擦底材做修理打磨

9) 用 P240 砂纸精磨原子灰。

操作要点：更换砂纸前，在原子灰表面涂上打磨指示剂，以便检查打磨效果。P240 砂纸较细，用于原子灰表面精细打磨，以消除前面打磨中产生的砂痕印，确保中涂漆涂装效果

原子灰的精细打磨可使用 P240 砂纸配合手刨或打磨机进行，打磨原子灰边缘及周边区域，以使原子灰边缘呈现羽状边并达到平滑。若在原子灰打磨过程中，发现凹坑、砂孔，应及时填补

项目一 损伤区处理

10）用 P320 砂纸配合打磨机打磨整板。

操作方法：使用 P320 干磨砂纸消除 P240 砂纸痕，在研磨旧漆层或电泳底漆层时，为了避免磨穿，建议配上打磨软垫，如是在整车上修补只需要打磨局部即可

操作要点：由于打磨机切削能力强，打磨时要按照工件表面弧度变换打磨机角度，多方向交叉打磨，不要加压力过高，以免打磨过度，使打磨的原子灰失去弧度或者边缘不平顺，导致喷涂面漆后能够看出有原子灰印或者凹陷

11）用红色菜瓜布手工研磨边角及易磨穿的筋线等区域。

操作方法：打磨结束后，仔细检查电泳底漆层的研磨情况，对未研磨彻底（有亮点、桔皮）的部位用红色菜瓜布等再次研磨，直至整个工件的电泳底漆层表面无亮点、桔皮为止

5. 表面清洁

1）对板件进行除尘。

操作方法：检查确认打磨结果没有问题后，清洁打磨区域。工件表面粉尘过多，容易污染环境，需先用除油布进行擦拭，保证表面、边角除尘到位

2）更换防毒面具、防溶剂手套。

操作要点：正确戴防护眼镜、防溶剂手套、防毒面具和穿工作服、安全鞋等防护用品

25

3）对板件进行除油。

	操作方法：用除油剂一湿一干进行除油 操作要点：原子灰施工区域不需除油，防止二次污染。按顺序从上到下、从内到外进行擦拭

6. 6S 整理

1）整理打磨设备、工具。

	操作方法：整理好打磨软管及气管，并归位，关闭干磨机起动开关，在不使用打磨机时关闭吸尘器主机开关

2）整理工具车。

	操作方法：将除油剂、砂纸复位到工具车上，对除油剂喷壶、工具、工具车进行清洁、整理，做好场地清洁、打磨机的归位、工具车的归位等工作

项目二

中涂漆喷涂

在汽车车身修补中，中涂漆是无机底材向有机面漆层过渡的一个夹层，内侧的双组分原子灰与中涂漆有较强的直接结合力，可以填充原子灰的多孔表面，改善被涂车身表面和底漆的平整度，为面漆层创造良好的基底，提高面漆涂层的鲜映性、丰满度和抗石击性，以达到良好的防腐、防锈、耐油、耐水、耐化学及外观装饰效果。因此，中涂漆施工的正确性将直接影响后序的流程和效果。

本项目要求学生完成中涂漆喷涂前遮蔽施工，达到喷涂中涂漆的遮蔽要求；了解中涂漆的作用；应做到规范穿戴个人防护用品；能正确熟练地进行中涂漆喷涂；正确使用干磨机；正确进行砂纸的选用；了解打磨工艺规范，打磨后漆面光滑、无砂眼、无砂纸痕，无裸露原子灰、无磨穿、无桔皮、无台阶。操作完毕后，按6S要求整理施工现场（工具设备复位，工位清洁，废物统一放置在规定的废弃物容器内），互相学习和交流相关专业知识技能方法，做到熟练掌握、灵活运用。

本项目的任务有：

任务一　喷涂中涂漆前遮蔽

任务二　喷涂中涂漆

任务三　打磨中涂漆

任务一
喷涂中涂漆前遮蔽

【任务描述】

一辆汽车的右前车门受损，需要进行喷漆，需要对车门进行防锈处理、原子灰刮涂及打磨、中涂漆喷涂来恢复原来的形状，其表面已经做过损伤处理，接下来我们一起进入中涂漆前遮蔽的学习。

【学习目标】

目标名称	目标内容
知识目标	1. 掌握喷涂中涂漆前遮蔽的作用
	2. 掌握各类遮蔽材料的用途
	3. 掌握局部喷涂的遮蔽方法
技能目标	1. 能使用遮蔽材料完成喷涂中涂漆前的遮蔽
	2. 能使用遮蔽材料完成喷涂面漆前的遮蔽
情感目标	1. 培养学生爱岗敬业的职业道德
	2. 培养学生吃苦耐劳、认真细致意识

建议学时：12学时。

【相关知识】

一、遮蔽的目的和不同遮蔽方法的优缺点比较

1. 遮蔽的目的

1）前处理作业中，保护作业区相邻部位不受研磨、刮涂、烘烤等作业的影响。
2）喷涂作业中，防止漆雾黏附在其他非喷涂区域。
3）避免其他非喷涂区域的灰尘等被吹附到喷涂区域。
4）抛光作业中，保护非抛光区和车身附件不被污染，减少车辆清洗工作量。
5）通过遮蔽喷涂车身图案、实现分色喷涂。

2. 传统遮蔽方法

有一些汽车维修企业喷涂时使用报纸加胶带进行遮蔽，此方法看似成本低廉，但有以下缺点：

1）因报纸尺寸限制，大面积遮蔽时需使用较多胶带，造成胶带浪费。
2）遮蔽速度慢，耗时耗力，大大增加人工成本。

3）报纸表面的油墨及纤维脱落容易导致漆面污点，增加了后期抛光作业的工作量。

4）无法有效防止油漆渗透，导致喷涂区边缘油漆渗透，增加后期清理的工作量，甚至损坏相邻区域漆面及部件。

3. 先进遮蔽方法

目前较为先进的遮蔽方法是采用遮蔽膜、遮蔽纸、水性遮蔽膜和各种专用胶带合理配合进行遮蔽，如图2-1所示。这些方法保护效果好，效率高，又能避免传统遮蔽方法带来的问题，故被越来越多的维修企业采用。本任务将分别介绍一些能够提高喷涂作业效率和质量的遮蔽材料的特点和使用方法。

二、遮蔽纸

1. 遮蔽纸的优点

1）经过了防静电处理，能有效防止灰尘吸附，同时不会有纸纤维掉落，避免导致漆面污点。

2）能快速吸附油漆，避免在喷涂过程中油漆从遮蔽纸上流挂。

3）遮蔽纸纸基紧密并涂有防渗透涂层，能有效防止油漆渗透。

4）纸基经过柔韧处理，易粘贴于任何不规则表面。

5）经过耐高温处理，保证在烤漆房内安全使用，烘烤时不会燃烧。

6）配合遮蔽纸专用裁纸机使用，如图2-2所示。能同时安装几种不同宽度的遮蔽纸，以按需选取；遮蔽纸与遮蔽胶带自动粘贴，无须专门粘胶带；每个安装部位都配有剪切器，使用时可按需裁取所需长度，避免浪费，省时省力。

图2-1 使用遮蔽膜、遮蔽纸及专用胶带遮蔽

图2-2 遮蔽纸专用裁纸机

2. 遮蔽纸使用方法要点

1）遮蔽纸使用时，应做到表面平整，不应形成口袋状起皱，以免喷涂时飞入漆尘，在后面喷涂时吹出而造成漆面污染。

2）使用时，应将遮蔽纸光滑的涂层面朝外，以防止油漆渗透。

3）根据遮蔽位置大小选择合适宽度的遮蔽纸，一次裁切合适长度的遮蔽纸，可提高效率和减少浪费。

4）使用裁纸机裁切遮蔽纸时，应先从有胶带的一侧切割，避免裁切过程中胶带与遮蔽纸分离。

遮蔽纸的宽度一般不超过 120cm，因为大部分涂装维修作业都是维修 1~3 个板块，大部分表面不需要喷涂，如果只使用遮蔽纸遮蔽，就会因为宽度不够需要拼接而影响遮蔽速度，故同时使用遮蔽纸及遮蔽膜遮蔽是一种更为高效的方式。

三、遮蔽膜

遮蔽膜一般是由聚乙烯、聚丙烯等材料制成的很薄的薄膜，其比遮蔽纸宽，比较适合于大面积遮蔽。

1. 遮蔽膜的特点

1）能够防止溶剂渗透。
2）能够防止漆尘脱落或涂料干燥以后脱落而损坏未干漆面。
3）不会产生静电吸附灰尘。
4）能够耐 60~80℃ 高温烘烤。
5）热反射型铝化 PE 塑料遮蔽膜可耐热至 170℃，用于防止 IR 红外线烤灯烘烤时造成的塑料件变形。

2. 遮蔽膜的使用要点

1）专业遮蔽膜经过特殊处理，可紧紧依附于需遮蔽的车身表面，减少固定所需时间，提高效率。如果遮蔽膜印有文字图案，使用时遮蔽膜的印刷面应朝外，否则遮蔽膜无法附到车身上。对于不具备吸附性的遮蔽膜，可以配备小的磁铁或磁条，以固定遮蔽膜。
2）使用遮蔽膜时，可以根据修补、喷涂区域需要裁切开，再用遮蔽纸遮蔽，这样能大大缩减遮蔽时间。
3）使用遮蔽膜前，应确保车身表面干燥。遮蔽膜下残余的水分，不易挥发，尤其在烘烤时容易形成钙化物污点，难以清洗去除。

四、遮蔽胶带

遮蔽胶带可以将遮蔽纸粘贴于车身表面，必须能耐 60~80℃ 的高温烘烤，能抗溶剂，而且在撕下胶带时不会在车身表面留下残胶，否则需要花费很多时间清理。常用的遮蔽胶带有普通纸质胶带、分色胶带、线条喷涂胶带、缝隙胶带和车窗密封条遮蔽胶带。

【技能训练】

一、工具、设备及辅料准备

本项目所需的工具、设备及辅料见表 2-1。

表 2-1 所需的工具、设备及辅料

美工刀	专用遮蔽纸机	吹尘枪

（续）

遮蔽纸	遮蔽胶带	遮蔽膜

二、准备工作

1. 将板件或整车移入喷漆烤房内

操作要点：因为车辆遮蔽后要移入烤漆房喷涂底漆，所以在遮蔽之前要先对车辆工件及相邻部位进行清洁，包括轮毂、轮胎、玻璃、各部件之间的缝隙等。如果喷涂中涂漆前全部用干磨，则清洁表面不要用水洗，以免需要花费多余时间将工件表面、各个缝隙吹干。为了保证遮蔽胶带的粘着，应对喷涂工件及周围区域先进行脱脂清洁。这样可以避免遮蔽完成后进行脱脂清洁破坏遮蔽部位

2. 检查中涂漆喷涂前遮蔽施工材料是否齐全

操作方法：根据中涂漆前遮蔽所需耗材进行准备

3. 检查遮蔽纸、遮蔽胶带是否足够

操作方法：检查各种型号的遮蔽纸是否能满足施工操作的需要。使用裁纸机时，先从有胶带的一侧切割，避免裁切过程中遮蔽胶带与遮蔽纸分离

三、实操训练

1. 进行正向遮蔽

操作方法：用擦拭布将工件清洁干净，对无须喷接口、不需要过渡的平面进行正向遮蔽

操作要点：正向遮蔽法是指遮蔽纸的外面朝外、里面朝里的一种遮蔽方法，这种方法在整喷时使用得最多，但对点修补或需要平滑过渡的喷涂不适合，因其容易产生"台阶"。根据板件大小来选取遮蔽纸，以免造成浪费

2. 进行反向遮蔽

操作方法：对需要平缓过渡的平面进行反向遮蔽

操作要点：反向遮蔽法是指先将遮蔽纸盖在待喷涂的部位，接着将遮蔽纸沿着固定的这一边为轴翻转到非喷涂区域固定，使得遮蔽纸原来的里面朝外、外面朝里的一种遮蔽方法。这种方法可以减少"台阶"，让边界过渡平滑，这在局部喷涂中使用得非常多

3. 检查中涂漆喷涂前遮蔽效果

操作要点：为了防止中涂漆边缘有台阶，使后续的打磨需花费更多的时间，增加打磨成本，且容易导致喷涂面漆后仍能看出中涂漆边界痕迹，当遮蔽边缘是密封条、饰条、把手等边界时，沿这些边界贴护；当遮蔽范围并非是沿着密封条、饰条、把手等边界时，喷涂中涂漆前应采用反向遮蔽。反向遮蔽是指遮蔽纸由喷涂区域朝外反折，使遮蔽纸形成一个圆弧，以避免喷涂台阶

4. 清洁除油

操作方法：对需要喷漆的原子灰周围部位进行除油

项目二　中涂漆喷涂

5. 6S 整理

	操作方法：整理遮蔽纸，摆好裁纸机，方便下次使用。同时整理好纸胶带和遮蔽膜，放回原工位。将使用过的遮蔽纸等丢入相应垃圾桶内，工位复位

任务二 喷涂中涂漆

【任务描述】

一辆汽车的右前车门受损,需要进行喷漆,需要对车门进行防锈处理、原子灰刮涂及打磨、中涂漆喷涂来恢复原来的形状,其表面已经做好喷涂前的准备,接下来我们一起进入中涂漆喷涂的学习。

【学习目标】

目标名称	目标内容
知识目标	1. 掌握中涂漆喷涂的作用
	2. 掌握中涂漆整板喷涂的方法
	3. 掌握中涂漆修补喷涂的方法
技能目标	1. 能正确地调配中涂漆
	2. 能使用喷枪完成中涂漆整板喷涂
	3. 能使用喷枪完成中涂漆修补喷涂
情感目标	1. 培养学生爱岗敬业的职业道德
	2. 培养学生吃苦耐劳、认真细致意识

建议学时:60 学时。

【相关知识】

一、中涂漆的作用

中涂漆主要起到增强涂层间的附着力,同时起到加强底涂层的封闭性、填充性和隔绝性,防止原子灰吸收面漆,为面漆涂层创造良好的喷涂基础的作用,以提高面涂层的鲜映性和丰满度,提高整个涂层的装饰性和抗石击性。

二、中涂漆的特性

1)与底漆、面漆配套良好,涂层间的结合力强,硬度配套适中,不被面漆的溶剂所"咬起"。

2)具有足够的填平性,能消除底漆表面的划痕、打磨痕迹和微小孔洞、细眼等缺陷。

3)打磨性能良好,不粘砂纸,在打磨后能得到平整、光滑的表面。

4)具有良好的韧性和弹性,抗石击性良好。

项目二　中涂漆喷涂

三、中涂漆的分类

1. 硝基中涂漆

硝基中涂漆是一种施工简便、干燥迅速、易于打磨的中涂漆，具有较好的硬度和亮度，不易出现漆膜弊病，修补容易。当旧漆膜采用高温烤漆或丙烯酸聚氨酯涂料时，一般选用硝基中涂漆，符合涂层间的附着力和耐水性。

2. 聚氨酯中涂漆

聚氨酯中涂漆在众多中涂漆中成膜性最好，覆盖能力好，不易出现质量问题。当旧漆膜是改性丙烯酸或合成纤维素丙烯酸硝基漆时，中涂漆选择聚氨酯中涂漆为宜，且不宜在局部修补中使用，因为在补涂的原子灰与旧漆膜结合部位容易起皱，因此只适合对整块板件喷涂。如果需要整块喷涂原子灰或旧漆膜表面时，最好选用聚氨酯中涂漆。

3. 丙烯酸中涂漆

丙烯酸中涂漆是一种常用的中涂漆，它的漆膜虽比不上聚氨酯中涂漆，但因为其溶剂溶解能力较弱，所以不会侵蚀原子灰和底漆，而且干燥速度比较快。除此之外，从作业方面考虑丙烯酸中涂漆使用很方便，但使用丙烯酸中涂漆前，需要检查其在涂层间的附着力和耐起泡性。

4. 可调灰度中涂漆

当一个面漆颜色的灰度值和中涂漆颜色的灰度值最接近时，面漆最容易遮盖住中涂漆，这时面漆的用量最节省，这就意味着喷涂遍数减少，就能节约喷涂时间和闪干时间，总体的喷涂施工时间自然也就较短。所以采用和面漆相同灰度值的中涂漆是一个降低成本和提高效率的非常好的方法。

目前有的涂料厂商在面漆颜色配方系统中提供该颜色的灰度值，方便用户根据面漆灰度值选择使用合适灰度的中涂漆。涂料厂商开发有 3 种不同灰度值的中涂漆和免磨中涂漆，通过一定比例可以调配出其他 4 种灰度的中涂漆或免磨中涂漆。表 2-2 是 3 种 PPG 产品使用不同的比例调配出 7 种灰度中涂漆的比例，其中 SG0～SG07 即灰度值，需注意不同涂料品牌灰度值的表示编号不同，但编号中一定含有灰度值数字 1～7。

表 2-2　灰度 1～7 的中涂漆调配比例

产品编号	SG01	SG02	SG03	SG04	SG05	SG06	SG07
P565-511	100	95	80	50	0	0	0
P565-510	0	5	20	50	100	99	92
P170-5670	0	0	0	0	0	1	8

四、工具、设备的认识

1. 喷枪

（1）上壶喷枪和下壶喷枪　喷枪的类型和规格较多，使用压缩空气进行喷涂的喷枪称为空气喷枪，根据涂料的供给方法可分为重力式、吸力式和压送式 3 种，汽车涂装、维修常用的喷枪是重力式和吸力式两种。重力式喷枪（图 2-3）的枪壶安装在喷枪上部，所以通常称为上壶喷枪。吸力式喷枪（图 2-4）的枪壶安装在喷枪下部，所以通常称为下壶喷枪。

图 2-3　上壶喷枪　　　　　图 2-4　下壶喷枪

上壶喷枪在喷涂时，压缩空气会在空气帽处产生负压，涂料在负压和涂料重力的作用下进入喷枪，在空气帽处被雾化并从喷嘴处喷出。枪壶的容量一般为 600mL 左右。底漆喷枪口径一般为 1.6～2.0mm，面漆喷枪口径一般为 1.2～1.5mm。上壶喷枪适合于轿车涂装、维修作业等油漆用量较少的情况，而且可以使用免洗枪壶，以提高效率、节约油漆，故在汽车涂装维修行业中得到了广泛的使用。

下壶喷枪的枪壶容量一般为 1L 左右，可喷涂面积大，一般常用于商用车及 10 座左右或者以上部件面积比较大的乘用车。吸力式喷枪是利用压缩空气气流使喷枪中产生真空吸力，把油漆从枪壶中吸到喷嘴处雾化后喷出，涂料喷出量（即出漆量）与涂料黏度和喷嘴口径有密切关系，黏度较高时出漆量会降低。下壶喷枪喷涂相同涂料的喷嘴口径一般大于上壶喷枪，底漆下壶喷枪口径一般为 1.8～2.0mm，面漆下壶喷枪口径一般为 1.5～1.7mm。

（2）底漆喷枪和面漆喷枪　喷枪椭圆形的喷幅一般有 3 层：最里面是湿润区，中间是雾化区，最外面是过度雾化区。底漆喷枪用于喷涂防锈底漆、中涂漆，重点是要保证良好的填充性，故底漆喷枪的喷幅较为集中，喷幅的中心湿润区相对较大而周边的雾化区较小；面漆喷枪喷幅周边的雾化区比湿润区要更宽大且雾化精细度更高，如图 2-5 所示。

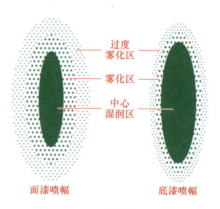

图 2-5　面漆喷枪和底漆喷枪的喷幅比较

面漆喷枪主要用于单工序面漆、双工序色漆、清漆的喷涂。面漆喷涂的重点是要保证颜色喷涂均匀，并且要求流平性要好，所以面漆喷枪雾化精细度、雾化效果都比较好。面漆喷枪的喷幅相对于底漆喷枪，雾化层比湿润层宽大。重力式（上壶）面漆喷枪口径一般为 1.3～1.5mm。由于面漆喷枪口径小，雾化精细度高，使用不太好的面漆喷枪喷涂防锈底漆或中涂漆，会导致底漆涂膜薄、填充性不够，如果因此而增加喷涂遍数，则会降低工作效率，扩大喷涂面积，增加表面漆尘和表面打磨工作量。出于小修补的需要，喷枪生产厂家还开发了专门用于小修补的喷枪，这种喷枪重量轻、口径小，一般为 0.8～1.4mm，所需气压较小，易于喷出较薄涂层及有效控制喷涂区域，对于银粉漆、珍珠漆的修补，不容易出现修补"黑圈"。

(3) 喷枪的结构　喷枪主要由枪体、喷嘴和空气帽等组件组成。枪体上有枪体手柄、空气调节旋钮、漆量调节旋钮、扇面调节旋钮、枪壶接口、扳机等，喷嘴部位有空气帽、喷嘴、枪针等，如图2-6所示。扣下喷枪扳机时，空气阀先开放，压缩空气经由压缩空气通道到达空气帽各个气孔并高速喷出；向下进一步扣下扳机时，喷嘴打开，涂料沿红色管道由喷嘴处喷出并雾化。空气帽的作用是使压缩空气将涂料雾化成一定形状的漆雾。空气帽（图2-7）上有3种不同的孔，最中间为中心雾化孔，中心孔两侧为辅助雾化孔，最侧面在伸出部位的侧孔为扇幅控制孔。

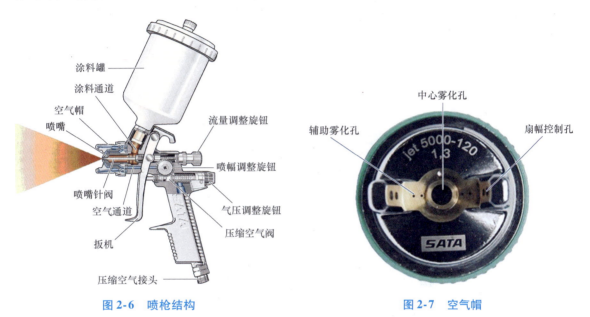

图2-6　喷枪结构　　　　　　　　　图2-7　空气帽

中心雾化孔位于喷嘴外侧，当压缩空气喷出时，会产生负压喷出涂料；辅助雾化孔可促进涂料的雾化，喷枪雾化性能的强弱主要由辅助雾化孔决定。扇幅控制孔的作用是控制漆雾的形状，当扇面调节旋钮关上时，喷雾的形状是网形，当扇面调节旋钮打开时，喷雾的形状变成长椭圆形。

(4) 喷枪的调整

1) 喷枪压力的调整。按照涂料产品说明书所提供的施工参数确定底漆的喷涂压力。对于任何涂料系统而言，最适当的喷涂空气压力只有一个，就是能使涂料获得最好雾化效果的最低空气压力。最佳的压力是指获得适当雾化、挥发率和喷雾扇形宽度所需的最低压力。不同涂料喷涂时所需的空气压力都是不同的。大多数喷枪本身不带有气压表，但可以使用外接机械式气压表（图2-8）。有些喷枪本身就带有气压表（图2-9），可用来检查和调节喷枪处的压力值。由于数字型气压表体积较小且易于读取气压值，故近年来数字型气压表开始得到了广泛应用。

2) 扇面的调整。通过调节扇面控制旋钮可以调节喷幅（扇面）大小（图2-10）。将扇面控制旋钮旋紧到最小，可使扇面的直径变小，形状变圆；将扇面控制旋钮完全打开，可使扇面形状变成较宽的椭圆形。较窄的扇面（10～15cm）可用于局部维修，而较宽的扇面（20cm左右）用于整板喷涂、整车喷涂等大面积喷涂。

图2-8 外接机械式气压表

图2-9 内接数字气压表

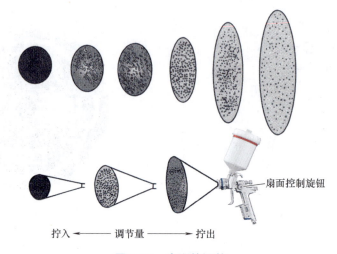

图2-10 扇面的调整

3）涂料流量的调整。涂料流量调节旋钮可调节所需的涂料流量，逆时针转动涂料流量调节旋钮可增大出漆量，顺时针转动涂料流量调节旋钮则减小出漆量，如图2-11所示。

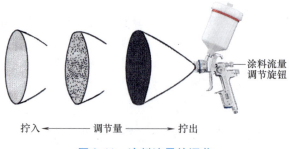

图2-11 涂料流量的调节

为了确定喷枪的调整是否合理，可以在遮蔽纸或报纸上进行测试。以整板喷涂喷枪调节为例，使用HVLP喷枪时，喷枪与测试纸相距10～15cm，而使用传统喷枪时，喷枪与测试纸相距18～23cm。

项目二　中涂漆喷涂

4）涂料分布测试。喷枪调整是否合适应该通过试喷来检验，也就是涂料雾形测试。雾形测试分为垂直测试和水平测试两种。

① 垂直测试主要检测喷枪的扇面形状是否合理，如图 2-12 所示。

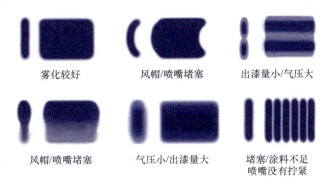

图 2-12　垂直测试扇面形状

② 水平测试是检测喷枪的喷涂压力、出漆量、扇面大小 3 个方面的调整是否正确。如图 2-13 所示，a 为涂料雾化较好，喷枪各项调整正确；b 为喷幅太宽或气压太低造成；c 为喷幅太窄或漆流量太大。

图 2-13　水平测试雾化情况

（5）喷枪的基本操作方法　对于喷涂工作而言，要想获得良好的效果，正确的喷涂方法是非常重要的。在喷涂时必须要注意以下几个方面：

1）喷枪与待喷工件表面的距离。正确的喷涂距离应与喷枪的种类、喷涂的气压、喷幅大小以及涂料种类相配合，一般的喷涂距离为 15~20cm，大致相当于手掌张开，拇指指尖至小指指尖的距离。如果喷涂距离过小，则涂料会堆积，形成流挂；如果喷涂距离过大，稀释剂挥发太多，会使飞漆增多，漆雾不能在物体表面成膜或涂膜粗糙无光。

2）喷枪与喷涂工件表面的角度。喷枪无论是在竖直方向还是在水平方向移动时与喷涂表面必须始终垂直。操作时，施工人员双脚分开，比肩稍宽，一般右手持枪，左手抓住空气软管，在喷涂过程中左右移动整个身体，不能跨步，也不允许由手腕或肘部做弧形的摆动，如图 2-14 所示。

3）喷枪的移动速度。喷枪的移动速度与涂料的干燥速度、涂料黏度以及环境温度有关，一般以 30~60cm/s 的速度匀速移动。具体操作时，以喷涂出来的涂层效果决定喷枪的移动速度。如果喷枪的移动速度过快，会导致涂层过薄，粗糙无光；如果移动的速度过慢，会导致涂层过厚出现流挂。如果速度不均匀，忽快忽慢，会导致涂层厚薄不均。

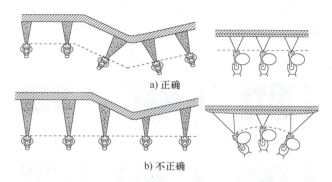

图 2-14 喷枪与喷涂工件表面的角度对比

4）重叠。初学者练习一般可采用 1/2 重叠，因为 1/2 重叠最容易掌握，即每枪喷涂时，枪嘴都是对着上一枪喷涂的涂层的最下边缘，每次下移 1/2 个喷幅的宽度，即每个位置都重复喷涂 2 次，最容易判断和掌握。接下来练习 2/3 重叠、3/4 重叠。2/3 重叠相当于每次下移 1/3 个喷幅的宽度，即每个位置都重复喷涂 3 次。以此类推，3/4 重叠相当于每次下移 1/4 个喷幅的宽度，即每个位置都重复喷涂 4 次。

只有熟知以上规律，在喷涂工件的上沿和下沿时，才能避免少喷 1 次乃至 2 次的漏喷问题发生。很多经验丰富的涂装技师仍然会出现工件上面喷涂涂膜不均的问题，有时上部或者下部少喷 1 枪乃至 2 枪，有时中间会出现 5~15cm 宽度的涂膜薄、光泽低、桔皮重等现象，就是因为重叠不均，某些部位没有达到其他部位的喷涂次数导致的。

实际喷涂涂料时，一般情况下，第 1 遍喷涂时喷枪的重叠为 1/2，第 2 遍、第 3 遍喷涂时喷枪的重叠为 3/4 或 2/3。底色漆雾喷时，对于高难度银粉、三工序珍珠的珍珠层，往往采用 1/2 重叠，以保证喷涂涂层的均匀度。

（6）喷枪的清洁及维护　要保证喷枪的使用寿命及喷涂质量，必须对喷枪进行良好的清洁和维护。喷枪应在使用完毕后立即进行清洗，尤其是双组分涂料，如果不及时清洗，涂料就会干在喷枪中，导致喷枪损坏甚至报废。

喷枪的清洗方法有两种，一种是手工清洗，另外一种是使用洗枪机清洗。无论采用哪一种清洗方法，清洗喷枪的关键在于清洁干净枪杯、涂料通道、风帽及喷嘴。手工清洗的方法如下：

1）将剩余涂料倒入专用废弃物收集容器，加入少量洗枪溶剂，用毛刷洗净枪杯。捏下扳机，使溶剂流出，冲洗涂料通道及喷嘴。

2）为了洗净风帽内部的涂料，把风帽卸下，用毛刷及溶剂清洁空气帽及喷嘴。如果有必要清洗枪针，则旋下内置弹簧的漆量调节旋钮，抽出弹簧及不锈钢枪针，用毛刷及溶剂小心地清洗枪针，防止枪针受损、弯曲变形。

3）清洗喷嘴，可以用专用扳手小心地拧下喷嘴，用毛刷和溶剂清洗。

4）如果喷嘴、风帽、枪针这些金属构件上面有较难清洗的涂料，可将它们浸泡在溶剂中，但不要把其他部位乃至枪身整体浸泡在溶剂中，因为这会使密封圈硬化受损，影响喷枪的雾化及喷涂质量。

5）不能用针或金属硬物清洁喷嘴和空气帽上面的孔，以免导致喷嘴或雾化孔变形。如果需要，可以使用软毛刷清洁。

6）清洗完毕后，先安装喷嘴（注意适当的松紧度），再安装枪针、弹簧、漆量调节旋钮、风帽及枪杯。安装好后加入少量溶剂，在具有抽排风的地点用压缩空气喷出并完全吹干净喷枪中的溶剂。

目前市场上常见的洗枪机有快速洗枪机（图2-15）和普通洗枪机（图2-16）两种。快速洗枪机可以方便、快捷地清洗喷枪，使用时将枪杯卸下，能够快速地洗净喷枪涂料通道、风帽、喷嘴等部位，使用免洗枪壶时，由于枪杯无须清洗，则清洗一般在30s内就可以完成。

图 2-15　快速洗枪机　　　　图 2-16　普通洗枪机

使用洗枪机的优势是清洗效率较高，洗枪后的废溶剂可以集中收集、储存、处理，有利于环保，清洗过程中产生的挥发物也较手工清洗喷枪少。使用洗枪机清洗喷枪的方法为：将喷枪和涂料杯的较脏部位预清洗一下；连接喷枪清洗机空气接头并完全打开气压调节旋钮，将喷枪扳机拉至完全打开并固定好；将喷枪放在洗枪机内正确的位置上，盖上盖子；设定清洗时间后打开阀门，气动泵会将溶剂输送到洗枪机中的清洗喷头处，清洗喷头就可以清洗喷枪的喷嘴、涂料通道等位置；清洗完毕后，按下吹干按钮，吹除涂料通道中的残留溶剂；取出喷枪，手工清洗未洗净的地方，并用干净的抹布擦干喷枪的外部。每种洗枪机的使用方法有所不同，使用时需参照使用说明书的要求。

无论是快速洗枪机还是普通洗枪机，都可以用于清洁喷涂溶剂型涂料的喷枪或喷涂水性涂料的喷枪，只需要使用不同的清洗液（清洁剂）即可，但由于溶剂型涂料的废弃物和水性漆废弃物的处理方式不同，洗枪机需要专用于溶剂型涂料或水性涂料，不能混用。

2. 喷烤漆房

烤漆房是汽车漆施工环节中的常用设备，作用是喷涂和烘烤汽车漆。因此，烤漆房最确切的描述应为"喷漆及烤漆房"，一般简称为烤漆房。不同类型的汽车漆选择的烤漆房类型不同。在汽车制造厂的汽车生产线上使用高温汽车漆，其采用的烤漆房需要对汽车表面进行高温烘烤，烘烤温度要达到120～170℃；在汽车修理厂，事故车维修所采用的是低温汽车修补漆，其烘烤温度一般为60～80℃。本任务主要介绍使用低温修补漆时的烤漆房，如图2-17所示。

（1）烤漆房的分类　烤漆房按尺寸可分为小型、中型、大型和特大型4种类型，可根据车间或车辆特殊要求定制。

1）小型房体长度小于8000mm。

2）中型房体长度为8000～12000mm。

3）大型房体长度为12000～16000mm。

4）特大型房体长度一般大于16000mm。

汽车维修企业常用的小型标准烤漆房房体的外径尺寸：长度、宽度、高度分别为7124mm、5566mm、3408mm，内径尺寸：长度、宽度、高度分别为7000mm、3890mm、2650mm。

（2）按使用的能源类型分类　烤漆房按使用的能源类型可分为燃油型、燃气型、电加热型和混合型。

1）燃油型烤漆房以燃烧油料（一般为柴油）产生的热量间接加热空气，使热空气通过风机送入烤漆房，以在其中进行升温喷漆、烘烤，属于对流型或者称为空气干燥型烤漆房，以柴油型烤漆房最常见。

图2-17　烤漆房

2）燃气型烤漆房以气态燃料（如天然气、城市煤气、液化气等）作为能源燃烧间接加热空气，通过风机将热空气送入烤漆房，以升温喷漆、烘烤，属于对流型或者空气干燥型烤漆房，其中以天然气型烤漆房最常见。

3）电加热型烤漆房以电能直接加热空气送入烤漆房，以完成升温喷漆、烘烤作业。

① 老式的电加热型烤漆房，通过电热丝加热空气，属于对流型或者空气干燥型烤漆房。

② 新型的电加热型烤漆房，将电能转换成其他形式的热能来实现加温、烘烤。例如目前常见的红外线辐射干燥型烤漆房，将电能转换成红外线辐射来加热，属于红外线辐射型烤漆房。由于其具有低能耗、高效率的特点，越来越受到青睐。此外，量子烤漆房也属于电热型烤漆房。

4）为了实现更高效、节能的喷漆及烘烤作业，将对流式和辐射式结合在一起的烤漆房称为混合型烤漆房。在喷涂时采用柴油燃烧加热空气，以对流方式升温，在烘烤时采用红外线辐射加温模式。混合型烤漆房的优点如下：

① 在北方地区冬天温度较低，仅仅采用红外线辐射式烤漆房，会不便于涂装时升温施工，而混合型烤漆房可以解决这个问题。

② 在烘干油漆时，为了达到更高的干燥效率，采用红外线加热模式的同时还可采用热风循环，以加快油漆干燥。

（3）柴油型烤漆房的结构和特点

1）柴油型烤漆房的结构。柴油型烤漆房主要由房体、加热系统、送排风系统、照明系统、空气净化系统、电控系统等部分组成。

① 加热系统由柴油燃烧器和热能转换器组成。

② 送排风系统主要由风机柜，送风机，排风机和送排风管路组成。风机柜可置于室体后侧、顶侧或两侧，通常在风机柜柜板内填消声材料，可有效减小风机的噪声。

③ 在房体内顶侧部安装照明灯箱，灯箱内装无影灯式荧光照明灯管，保证光照度超过800lx。目前，很多荧光照明灯管换成了LED，更加节能。

④ 进气过滤采用Ⅱ级过滤，即进风过滤（初效过滤）及顶部过滤（亚高效过滤）相结合的形式。进风过滤棉在进风口处，能有效地捕捉直径大于10μm的尘粒，顶部过滤棉设置在静压室底部，用顶网支撑，具有多层结构，能有效地捕捉直径大于4μm的尘粒。

⑤ 电控系统控制箱能实现热风循环、烘干温度自动控制、故障报警等功能，同时具有

电动机过电流保护、缺相保护、短路保护等保护功能。先进的电控系统能实现正负压调节、空气流速调节、工作时间累计、远程控制等功能。

2）柴油型烤漆房的特点。

① 根据喷涂状态和烘烤状态的需要可调节排气管和进气管，使喷涂状态时排出废气，烘烤时则不断循环空气并将热空气反复使用，保持温度，节约能源。

② 国内的烤漆房一般采用正压送风，其送风气压一般保持在室内高于室外 4～12Pa，压力大小可通过调风门调节。正压送风可保证室外空气不能进入烤漆房，保持烤漆房内的清洁。

③ 在对汽车加温烘烤时，汽车修补涂料烘烤温度一般以被烘烤物体表面温度达到 60～80℃为宜。若温度超过 80℃会造成仪表、塑料件变形等，若达到 90℃以上有可能引起燃油起火、爆炸等。柴油型烤漆房烘干时最高可升温至 80℃。室内温度相对比较均匀，每一点的温度变化范围为 ±2℃，一般从室温 20℃升高至 60℃不超过 15min。

④ 由于油漆喷涂及烘烤时通风方式不同，喷涂时与烘烤时空气流速是有差别的，一般喷涂时空气流速为 0.2～0.6m/s。对涂膜进行加温烘烤时，空气流速一般为 0.05m/s 左右。

3. 溶剂型色母搅拌机

溶剂型色母搅拌机是一种专用色母搅拌机，操作简单，使用方便，只要按一下电钮，搅拌机就会自动运转。它可使色母得到充分搅拌，便于使用，如图 2-18 所示。

使用注意事项如下：

1）为了达到最好的调色效果，所有色母必须充分搅拌后才可装置于搅拌机上。

2）搅拌机开始调漆前，必须搅拌 15min 后才可配漆。

3）更换任何色母之前必须先彻底搅拌，然后放置到搅拌机上搅拌。

图 2-18　色母搅拌机

4）色漆上架后保持期一般不超过 1 年，若时间太长会导致质量下降，还会影响调色精确度。

【技能训练】

一、工具、设备及辅料准备

本项目所需的工具、设备及辅料见表 2-3。

表 2-3　所需的工具、设备及辅料

防护用品	免洗枪壶	中涂漆

（续）

 自喷罐侵蚀底漆	 除油布	 粘尘布
 底漆喷枪	 红外线烤灯	 电子秤

二、准备工作

1. 将预喷涂左前门板放置在喷涂架上，摆放好在烤漆房内

	操作要点：把板件固定牢固，以免在喷涂过程中掉落。喷涂架的形式、种类很多，无论何种喷涂架在使用时都应选择最合适的位置放置板件

2. 正确穿戴安全防护用品

	操作要点：在喷漆过程中会接触到有机挥发物等物质，需要戴防毒面罩、防溶剂手套、防护眼镜和穿专用喷漆服、安全鞋等防护用品

项目二　中涂漆喷涂

3. 检查喷涂中涂漆施工材料是否齐全

操作方法：根据喷涂中涂漆所需耗材进行准备

三、实操训练

1. 调配中涂漆

1）选取适量中涂漆。

操作方法：将中涂漆与固化剂、稀释剂按一定的调配比例（具体比例应根据油漆供应商的产品手册，不同的产品调配比例不一样）依次添加到枪壶中。调好涂料的黏度，使之适合喷涂

技术要点：调配比例见下表（此比例为体积比）

中涂漆	固化剂	稀释剂
P565-510/511	P210-8430	P850-2K 系列
5 份	1 份	1 份

2）将中涂漆充分搅拌均匀。

操作要点：及时搅拌均匀，中涂漆很容易沉降，避免喷涂时堵塞喷枪

中涂漆混合后必须在活化时间要求范围内使用，否则会影响施工品质，堵塞喷枪

3）用除油布清洁调漆尺。

操作方法：搅拌结束后，及时将调漆尺用除油布擦拭干净，以免不慎将其他地方弄脏，浪费时间和材料

45

2. 安装枪壶

1）安装壶盖。

操作要点：安装好免洗枪壶盖后，务必检查是否盖紧，以免漏漆。由于壶盖上有自带的过滤网，所以无须过滤。如果没有过滤网，则需要使用尼龙过滤网过滤。紧固黑圈一定要安装到位，否则倒置后油漆会渗漏

2）选用合适的喷枪。

操作要点：合适的喷枪口径对喷涂雾化效果起着重要的作用，中涂漆产品中的填料、颜料的颗粒较大，需选用1.6～1.9mm口径的重力式喷枪。安装风帽时，使气孔与枪体垂直，并检查喷枪各连接件是否连接完好

3）将装有中涂漆的免洗枪壶装在喷枪上。

操作方法：左手固定喷壶，右手倒握喷枪，将螺纹口对准后，喷枪朝顺时针方向旋转

技术要点：在上喷壶时，不可将喷壶倒过来，否则中涂漆会渗出来。在旋转喷枪时，只要喷壶卡位与喷枪卡位相互卡住即可，不可用力旋转

4）检查接口处是否漏漆。

操作方法：拧紧后检查四周，确认是否已经牢固、封闭，以防油漆漏出。如果接口处漏漆，必须重新安装或更换枪壶，以免喷涂过程中油漆滴到工作表面，造成不必要的麻烦

项目二 中涂漆喷涂

3. 连接气管

操作方法：烤漆房内连接好经过滤的空气气管，气压稳定、充足、洁净、干燥。同时，观察快速接头是否漏气，以免影响后期喷漆工作。连接的气管路必须是经油水分离器出来的气管，未经过油水分离器的气管不能使用，否则会影响喷中涂漆的质量

4. 喷枪调试

1）调节出漆量。

操作方法：调节涂料流量调节旋钮可调节适用不同喷雾形状所需的涂料流量（即出漆量）。拧进螺母，出漆量减小；拧出螺母，出漆量增大

技术要点：对整板喷涂中涂漆时，可将出漆量调至 2~2.5 圈即可。在局部修补喷涂的过程中，可以根据具体情况适当地减小出漆量

2）锁止出漆量调节螺母。

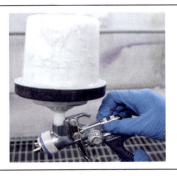

操作方法：调节好出漆量后将锁止螺母旋紧，避免在喷涂过程中不小心碰到涂料流量调节旋钮而造成出漆量发生变化

3）调节喷涂扇面。

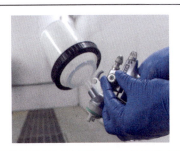

操作方法：调节喷涂扇面时，将扇面控制旋钮旋紧到最小，可使喷涂扇面的直径变小，喷涂到板件上的形状呈圆形；将扇面控制旋钮完全打开，可使喷涂扇面变成宽的椭圆形

技术要点：整板喷涂时，可将喷涂扇面调整至最大或 3/4 开度。在局部修补喷涂的过程中，可以根据喷涂面积适当调小

4）调节喷涂气压。

操作方法：严格按照涂料产品说明书所提供的施工参数调整喷枪的最佳喷涂压力。最佳的喷涂压力是指能使涂料获得最好雾化的最低空气压力

技术要点：整板喷涂时，调节空气流量调节螺母将气压调整至2bar（1bar＝101kPa）

5）测试喷枪，检查喷雾状况。

操作方法：当喷涂各参数调整好后，便可进行试枪。通过试枪来观察喷枪调整是否正常及判断涂料的雾化效果是否达到最佳状态

技术要点：喷雾未达到最佳状态时，需继续调节喷涂压力、出漆量、扇面等各参数

5. 粘尘

1）展开粘尘布，重新折叠。

操作要点：粘尘布在使用前，需将其完全展开，后对折至合适大小的方形，不得有硬边、线头外露等情况

2）对板件进行粘尘处理。

操作方法：粘尘时应先正面后边角，由上至下依次在工件上粘尘，擦拭力度适当，避免在工件上残留"黏"性物质

项目二 中涂漆喷涂

6. 补喷侵蚀底漆

操作方法：喷涂侵蚀底漆时喷嘴应距离工件 15cm 左右，喷涂 1~2 次，覆盖裸露的金属即可

技术要点：使用前要摇匀喷罐侵蚀底漆，先试喷，确保其雾化效果良好，然后喷板件，打磨至金属才需要喷涂

7. 采用局部修补喷涂方法

1）第 1 遍喷涂。

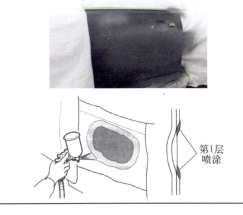

操作方法：为了提高涂层的亲和力，避免产生不良反应，先将原子灰与旧涂层结合部位雾喷 1 层即可

技术要点：第 1 遍喷涂时，为了避免喷涂过厚，涂料里面的溶剂溶胀旧涂层，产生咬底、起皱等缺陷，一般建议不要喷涂太湿，厚度以隐隐约约能看见下面的底材即可，喷涂最好控制在羽状边范围里面，特别注意不要喷到遮蔽纸边缘，避免产生明显的台阶。在一行程的起枪和收枪时，可适当摆动手腕，进行收边

2）第 2 遍喷涂。

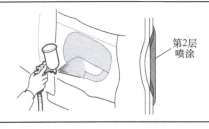

操作方法：待第 1 层涂料充分闪干，涂层没有出现不良反应之后，将整个原子灰及原子灰周围的区域薄喷 1 层，至半光泽状态即可

技术要点：局部修补要按照从大到小的原则喷涂中涂漆，以使后面涂层的漆尘落在前一层之上，减少打磨的工作量

3）第 3 遍喷涂。

操作方法：待第 2 层涂料充分闪干，涂层没有出现不良反应之后，缩小喷涂范围，要小于第 2 遍喷涂范围，湿喷 1 层

技术要点：第 3 层喷涂完之后，一般情况下可以达到涂层所需要的厚度。如果检查之后感觉厚度不够或上面还有很多细小的针孔及划痕等，还可以在第 3 层的基础上再湿喷 1~2 层。确保整个中涂漆喷涂完之后，涂层饱满光滑、均匀平整，没有大的缺陷，边缘平滑等

49

8. 采用整板喷涂方法

1) 原子灰施工部位喷涂第 1 道中涂漆层（雾喷层）。

操作方法：在原子灰施工部位雾（薄）喷 1 道中涂漆，喷涂范围需完全覆盖原子灰区域。喷涂距离为 20~25cm、移动速度为 40~60cm/s，重叠扇面为 1/2~2/3 进行喷涂，喷涂后面表无湿润感，能透过中涂漆层隐约看到底层

2) 原子灰施工部位喷涂第 2 道中涂漆层（中湿层）。

操作方法：第 1 道雾喷后可不闪干，直接喷涂第 2 道中湿层，中湿层的喷涂范围应略大于第 1 道雾喷层的范围

技术要点：中湿层喷涂后，面表应有湿润感，并将底层完全遮蔽，喷涂时应适当运用"挑枪"手法，避免边缘过厚产生台阶

3) 整板喷涂第 1 道中涂漆（薄喷层）。

操作方法：原子灰施工区域可不做此道薄喷层。喷涂前需待上道中涂漆闪干（即待上道原子灰区域的中湿层干燥至哑光状态）

技术要点：薄喷的目的是提高中涂漆层与旧涂层的附着力，同时防止产生鱼眼等缺陷

4) 整板喷涂第 2 道中涂漆（中湿层）。

操作方法：雾喷后可不闪干，直接喷涂中湿层（包括原子灰区域）。喷涂后整个工件表面应有湿润感，能看见比较清晰的灯管影子即可。喷涂时，可先喷涂边角，再喷涂正面

项目二　中涂漆喷涂

5）喷涂第 3 道中涂层（全湿层）。

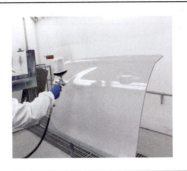

操作方法：必须等上道中涂漆层彻底闪干（20℃时，闪干约 5min）后才可喷涂，否则容易产生针孔、痱子、溶剂泡等缺陷。喷涂后整个工件表面应比上一道中涂漆更湿润，能清晰地看见灯管的影子。注意，不要喷涂过厚而产生流挂。喷涂方法可参考下表

喷涂距离/cm	喷涂速度/（cm/s）	重叠
20~25	40~50	3/4
15~20	50~60	2/3

6）检查整板喷涂后的效果。

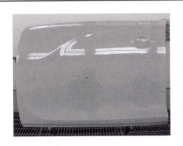

技术要点：喷涂后无流挂、露底、鱼眼、起痱子

9. 中涂漆干燥

1）闪干至哑光。

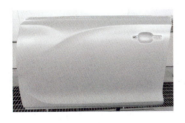

操作要点：烘烤前务必先进行闪干，以防止涂膜产生气泡、痱子等缺陷，闪干大约 5~15min，可因环境、风速、温度而改变

2）烘烤至彻底干燥。

操作要点：中涂漆的干燥方式有自然干燥和强制干燥。一般情况下，在 20℃时，风干的时间为 2~3h。为了加快施工进度，可强制干燥 20min 左右即可。中涂漆层在打磨前必须充分干燥。如果干燥不充分，不仅打磨时涂料会粘砂纸，使打磨作业难以进行，而且喷涂面漆后会出现涂膜缺陷

10. 6S 整理

1）整理工位，工具、设备复位。

	操作要点：工作完毕后应及时切断气源，并清理现场，设备、工具归位，恢复原状

2）清洗喷枪。

	操作方法：将喷枪的枪针、风帽、喷嘴拆卸，用稀释剂彻底清洗，并用气枪吹干。把需要润滑的零件添加润滑油后，将喷枪重新组装。清洗喷枪时，应当佩戴劳保用品，包括喷漆服、安全鞋、护目眼镜、防毒面罩、防溶剂手套

项目二　中涂漆喷涂

任务三
打磨中涂漆

【任务描述】

一辆汽车的右前车门受损，需要进行喷漆，需要对车门进行防锈处理、原子灰刮涂及打磨、中涂漆喷涂、中涂漆打磨来恢复原来的形状，其表面已经做过中涂漆喷涂，接下来我们一起进入中涂漆打磨的学习。

【学习目标】

目标名称	目标内容
知识目标	1. 掌握中涂漆打磨的作用
	2. 掌握中涂漆打磨的方法
技能目标	1. 能正确地选用打磨机、干磨砂纸
	2. 能使用打磨机、手刨及干磨砂纸完成中涂漆的打磨
情感目标	1. 培养学生爱岗敬业的职业道德
	2. 培养学生吃苦耐劳、认真细致意识

建议学时：30学时。

【相关知识】

中涂漆干燥后，表面虽然已经比较光滑平整，但鉴于施工的最终要求，仍需要对中涂漆进行精细打磨，特别是原子灰施工区域和喷涂过程中产生的缺陷，更需要处理妥当。

采用干磨工具、设备对中涂漆打磨时，需根据实际情况选择手工打磨或者是机械打磨。对于原子灰的修补部位，通常先使用手刨配合相应型号的砂纸进行打磨，然后用干磨机进行整板打磨；对于边角、筋线等部位可使用灰色菜瓜布或海绵砂纸进行打磨。

【技能训练】

一、工具、设备及辅料准备

本项目所需的工具、设备及辅料见表2-4。

表2-4 所需的工具、设备及辅料

 防护用品	 打磨软垫	 干磨砂纸
 手刨	 炭粉	 灰色菜瓜布
 3号打磨机	 除尘布	 干磨系统
 水性清洁剂	 除油剂	 喷壶

二、准备工作

1. 正确穿戴安全防护用品

操作要点：打磨中涂漆时应戴棉纱手套、防尘口罩、防护眼镜和穿安全鞋

2. 查看工具、耗材是否齐全

操作方法：检查清洁剂、炭粉、各种型号的砂纸是否能满足施工操作的需要

3. 检查中涂漆喷涂情况

操作方法：检查中涂漆表面是否有针孔、流挂、原子灰印痕、桔皮等缺陷，对可通过打磨消除的缺陷进行预判和确定下步操作流程

三、实操训练

1. 施涂打磨指示剂

操作方法：在中涂漆表面施涂一层薄而均匀的炭粉打磨指示层

技术要求：中涂漆研磨时指示剂用量不宜过多，过多的指示剂在打磨后会残留在中涂漆表面难以清除，如果不清除干净，会影响油漆附着力及产生其他缺陷

2. 选用合适的砂纸

操作方法：对于中涂漆纹理较粗的区域、填充原子灰区域，先使用手刨进行局部手工干磨，使用手刨配合 P240 ~ P320 干磨砂纸，对原来喷涂原子灰的区域进行整平，打磨消除缺陷。如果中涂漆表面比较平整光滑，可直接使用 P320 砂纸打磨

技术要点：P320 砂纸容易磨穿中涂漆，使用时一定要注意打磨的程度，避免出现过度打磨

3. 打开吸尘开关

操作方法：将干磨机起动模式开关调至"MAX"档，此时手刨吸尘管就会连续吸尘

4. 打磨原子灰喷涂区域的中涂漆

操作方法：打磨的范围要大于原子灰的施工区域，边打磨边观察，直到平整

技术要点：研磨时，在原子灰边缘会出现一圈"黑印"，此"黑印"即为原子灰印痕，研磨后应将其彻底消除，否则喷涂面漆后仍会显现出来

5. 对打磨后的原子灰处再次施涂打磨指示剂

操作方法：打磨时为了更好地判断打磨的程度，应在原子灰部位涂上打磨指示剂，以有利于观察打磨的程度。指示层被磨掉的部位即为高点，而未被磨掉的部位即为低点

技术要点：挤压打磨指示剂盒时，不宜太用力，应均匀涂抹

6. 选用 3 号打磨机

操作方法：使用偏心距为 3mm 的双作用打磨机，因切削力较小，打磨盘材质较软，打磨效果符合面漆预处理的要求

技术要点：注意不要选用 5 号打磨机，5 号打磨机的偏心距离较大，不易控制

7. 安装打磨软垫

操作方法：将打磨软垫粘在打磨盘上。使用软质打磨垫能使砂纸更好地贴合在工件表面，增大砂纸与工件的接触面，从而降低磨穿中涂漆的风险

技术要点：在装配时，保护垫吸气孔一定要和打磨机的吸气孔一致，否则在打磨时打磨机吸不了粉尘

8. 选择合适的干磨砂纸

操作方法：喷涂不同的面漆，对中涂漆打磨时的砂纸要求不同，需根据面漆类型选用合适的砂纸型号。选用的砂纸过粗，喷涂面漆后容易产生较明显的砂纸痕，造成返工，浪费材料

技术要点：当面漆为单工序纯色漆时采用 P400 干磨砂纸，双工序、三工序面漆时采用 P400 和 P500 干磨砂纸

9. 将打磨机连接到软管上

操作方法：按照顺时针方向旋转打磨机，至接口完全接好为止

10. 调节打磨机转速

操作方法：按动开关，用左手调节转速控制调节旋钮，将转速调节到适合打磨的转速。若打磨机的转速太快，容易产生过度打磨；若转速太慢，则影响打磨效率

11. 打磨中涂漆

操作方法：较平整的区域采用机械打磨，打磨前先将打磨机平放在工件上后再起动开关，将中涂层上的桔皮磨透，打磨至无指示剂残留

技术要点：角、筋线部位留下一定面积，用灰色菜瓜布手工打磨，以免打磨过度，造成磨穿或筋线形状不一致等缺陷。若将中涂漆磨穿至裸露金属时，必须在裸金属表面喷涂侵蚀底漆或环氧底漆，以提高金属的耐蚀性，增加面涂层的附着力，同时可避免因金属和涂层对新喷面漆的吸收性不同而产生的印痕

12. 打磨边角、筋线等部位

操作方法：用灰色菜瓜布或 P600～P800 海绵砂纸手工打磨工件边角、筋线等部位

技术要点：使用灰色菜瓜布研磨时，应尽量增大研磨的接触面，同时注意用力程度。若接触面过小（如单指），用力过大，会产生比较严重的"砂纸痕"，影响面漆最终施工效果

13. 检查打磨后的中涂漆

操作方法：在充足光线条件下，从不同角度检查打磨后的中涂漆表面，表面应平整光滑，无磨穿、桔皮、流挂、颗粒和砂眼等缺陷。任何微小的瑕疵都会影响整个面涂层的施工效果

技术要点：对有桔皮、流挂、颗粒的部位必须重新打磨

14. 除尘清洁

操作方法：中涂漆打磨后，工件表面粉尘过多，容易污染环境，需先用除油布进行擦拭，保证表面、边角除尘到位

15. 更换防护用品

操作要点：除尘后需进行脱脂清洁，需更换防护用品，戴好防毒面具、防溶剂手套

16. 使用清洁剂进行清洁处理

操作方法：干、湿相结合对打磨后的面板进行除油、清洁。若面漆为油性漆，直接使用油性除油剂 P850-14/1402 进行除油清洁即可；若面漆为水性漆，则先使用油性除油剂再用水性清洁剂清洁

17. 6S 整理

1）整理打磨设备、工具。

操作方法：整理好打磨软管及气管，并归位，关闭干磨机起动开关。在不使用打磨机的情况下要关闭吸尘器主机开关

2）整理工作台。

操作方法：将除油剂、砂纸复位到工作台上，对除油剂喷壶、工具、工具车进行清洁、整理，做好场地清洁、打磨机的归位、工具车的归位等工作

项目三

调　　色

随着汽车工业的不断发展，汽车漆的颜色种类及颜色效果也层出不穷，不可能把每一种颜色都做成涂料并储存起来以备随时使用，唯一的解决办法是提高调色人员的配色技能，利用涂料制造商提供的几十种基本色素或色母，按照一定的用量比例及颜色配方，对现有颜色进行调配，以达到期望的理想色彩。而颜色的调配就成了涂装人员必须掌握的基本知识和技能。

在调色之前一定要判断清楚原来面漆的类型、是什么颜色、采用的是几工序的做法，在调色时尽量采用与原漆相同的工艺，这样可以使修补出来的效果更接近原漆原色。

本项目要求学生了解调色的基本知识与面漆配方的查询方法，能根据提供的标准色样板，查找出配方并对存有颜色差异的色漆进行人工微调。操作流程符合调色工艺要求，微调后所喷涂的样板颜色与标准板颜色对比，达到无视觉差异的效果。这对后期微调有更大的帮助，做到熟练掌握，灵活运用。

本项目的任务有：

任务一　水性漆调色

任务二　水性银粉漆微调

任务一 水性漆调色

【任务描述】

一辆汽车在行驶过程中与另外一辆汽车车身相剐蹭，导致两辆车的前翼子板受到了不同程度的损伤，经过专业的技师对这两辆车进行车身分析，判断出漆面已经受损伤比较严重，需要进行专业的喷涂修复面漆。经过清洁脱脂、损伤处理、底漆喷涂、原子灰刮涂及打磨、中涂漆喷涂、面漆前处理的车门，其表面已经恢复了原来的形状，此车要求进行水性漆喷涂，接下来我们一起来学习调色。

【学习目标】

目标名称	目标内容
知识目标	1. 掌握颜色的基本知识
	2. 掌握面漆配方的查询方法
	3. 了解调色基本流程
技能目标	1. 能掌握调色工具、设备的使用方法
	2. 能使用色卡、计算机查询配方系统查找出接近的素色、普通银粉色漆颜色配方
	3. 能选择正确灰度的样板
情感目标	1. 培养学生爱岗敬业的职业道德
	2. 培养学生良好的服务意识

建议学时：30 学时。

【相关知识】

一、颜色的基本原理

1. 颜色的定义

颜色是光线刺激人的眼睛所产生的一种视感觉。也可以说，颜色是光线和感觉器官作用后所引起的一种生理感觉。颜色在我们的日常生活中扮演着重要的角色，每种颜色都具有其独特的意义，如"红色"代表热情，"绿色"代表平和，"蓝色"代表安静，而"橙色"代表的是温暖。从科学的角度来看，颜色是眼睛对光波传递的表现。因此，没有光就没有颜色。

2. 颜色的观察

人们要感受到颜色，必须具备光源、眼睛和物体3个要素，如图 3-1 ~ 图 3-3 所示。

项目三　调　色

图3-1　光源

图3-2　眼睛

（1）光源　光源就是发光的物体，常见的光源有白炽灯、荧光灯及太阳光3种。

太阳光是电磁辐射的一种形式，这种辐射有不同的波长，利用三棱镜或者光栅能分辨出许多单一的有色光带，光谱颜色从紫色到红色，就好像纷纷雨滴所产生的彩虹一般。人类的眼睛能看到光谱中波长为400～700nm的光线，称为可见光谱，如图3-4所示。

图3-3　物体

太阳光包括了可见光谱中所有颜色带，常常可以作为室外观察光源，但是由于每一天、同一天不同时间光线有强弱区分，仅以它作为观察光源，会因时间、地点、环境等条件不同而产生颜色上的差异，因此我们需要有稳定的不受时间、地域影响的标准光源。设备完善的油漆车间，应该有良好的自然光线或配备专用的配色灯箱，以便正确地查看颜色。

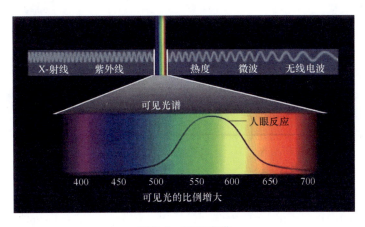

图3-4　可见光谱

应该尽量在自然光线下调色，当自然光线不佳时，应该使用标准光源对色灯箱（一般称为调色灯箱）。它通常配置有D65（国际标准人工日光）、TL84（普通荧光灯）、CWF（冷白光源）、F（普通白炽灯）、UV（紫外灯）5种光源，其中D65（国际标准人工日光）为最接近自然光的人工光源，可获得最佳的比色效果。使用标准光源对色灯箱进行比色时，在调色时可切换其配置的几种不同的光源进行比色，以确保颜色准确并避免条件等色。

（2）眼睛　人眼具有3种基本神经：感红、感绿和感蓝，并由此合成多种色感。光谱的不同部分能引起这3种视觉神经不同比例的兴奋，并将这些兴奋转换成信号传至大脑，而大脑将这些信号转换为色彩，于是我们就看到了颜色。

颜色视觉正常的人可以用红黄蓝三原色光混合出光谱上的各种颜色；但每个人的眼睛对颜色的感受灵敏度有差别。即使辨色能力正常的人，有些人感受的颜色会偏红，还有些会偏蓝。随着年龄的增长，人的辨色能力会下降。

此外，有少数的人对颜色的辨别能力特别差，甚至无法辨别某些或所有的颜色，他们被称为色盲或色弱。所以，从事汽车修补和调色的人员，应首先进行视觉检查，以确保没有视觉缺陷。你能看见隐藏在图3-5中的密码吗？

图3-5　测试色盲

（3）物体　物体之所以能被看到，是由于光线在其表面发生了反射，被眼睛所接收，再通过视觉神经的传递，在大脑中"合成"出了物体的色彩。一般而言，物体对照射到其表面的光源有反射、折射和吸收3种反应。反射就是被反射的光线从物体表面反射，物体的颜色往往由其反射光的颜色来决定；吸收就是光线被物体吸收。

当全反射时，人看到的是白色，全吸收时看到的是黑色，而部分吸收和部分反射时，看到的则是反射光的不同波长对应的颜色。红波长，而其他波长都被吸收了。简单地说，物体的颜色就是其反射光线色。折射是指光线穿过物体，但穿过物体的光线会有所改变。珍珠颜料的颜色比较特殊的原因就是部分光线被直接反射，部分光线在各层折射，再反射叠加形成多层反射，从而使颜色显得透明多变。

既然色彩是光源、眼睛和观察对象三者的结合，很显然，如果这3个因素中的任何一个发生了改变，那么所产生的颜色会随之改变。所以现在，让我们来看一看改变光源时产生的颜色差异，如图3-6所示。所以要在确保这3个因素都标准的条件下比色及调色，光源要采用自然光或者标准光源，眼睛需要对颜色有正常而灵敏的感觉。对于观察对象来说，如果表面有一定程度的老化、变色，就需要清洁并抛光，以确保其颜色恢复到合理状态，这样才能观察到正确的颜色，从而正确比对出颜色差异，才有可能使用正确的色母去微调出接近的颜色。

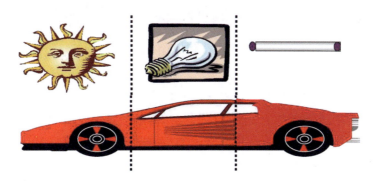

图 3-6　光源色彩对物体颜色的影响

3. 色彩三属性

颜色是立体空间三维的一个值，因此要准确地描述颜色，需要 3 个基本属性：色相、明度和彩度。

（1）色相　色相又称为色调，是色彩的重要属性。物体的色相包括红色、橙色、黄色、绿色、蓝色及紫色等。如图 3-7 所示，可将显著不同的色相排成一个圆环，圆环的周边依次排列了各种不同的色相，称为色环。涂料厂商往往会将各种不同的色母产品标注在这样的圆环上，以显示该色母的色母特性，一般将其称为色环图。

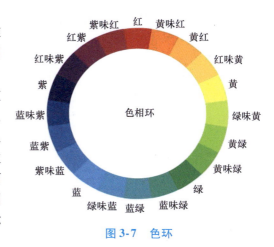

图 3-7　色环

（2）明度　明度表明某种色彩呈现出的深浅或明暗度。明度是一种计量单位，可标在刻度尺上，从白至黑依次排列，越靠近白色明度越高，越靠近黑色明度越低，如图 3-8 所示。

图 3-8　明度的比较

（3）彩度　彩度又称为饱和度、鲜艳度或纯度。彩度是指颜色的鲜艳程度，比较彩度一般需要在同一色相和明度的颜色下比较。彩度是色彩中最难辨认的一个性质，在比较同一色相和明度的两种颜色时，才会意识到它的表现形式。进行这种比较时，通常会使用"鲜艳"或"黯淡""鲜亮"或"浑浊"这样的词语来进行描述。图 3-9 所示为彩度的比较。

图 3-9 彩度的比较

4. 孟塞尔颜色系统

因为颜料调色的过程是减色混合,在添加修补漆色母的时候,并不会单独只影响一个方面,所以实际调色中不能把颜色的 3 个属性割裂开而单独对比、单独分析,需要把颜色的 3 个属性综合在一个系统内进行分析,目前常用的是孟塞尔颜色系统(Munsell Color System)。它是由阿尔伯特孟塞尔(Albert H. Munsell)在 1898 年创立的,是第一个用三维空间表达颜色的系统,至今仍是比较色法的标准。

孟塞尔颜色系统所描述的所有颜色的集合体称为孟塞尔色立体(Munsell Color Solid),孟塞尔色立体像一个双锥体,它的中央轴(南北轴)代表明度等级,经度代表色相,某一特定颜色与中央轴的水平距离代表彩度,即中央轴上的中性色的彩度为 0,离开中央轴越远,彩度数值越大。孟塞尔颜色系统如图 3-10 所示。

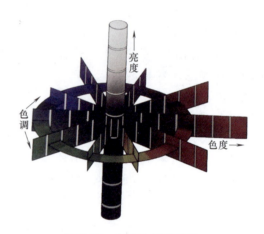

图 3-10 孟塞尔颜色系统

(1)色相的表示方法 孟塞尔颜色系统分为 5 个主色调(红、黄、绿、蓝、紫)(图 3-10),在相邻的两个主色中定义了 5 种中间色(黄/红、黄/绿、蓝/绿、蓝/紫、红/紫),并把所有的色调连成了一个色环。同时,每一种色相分为 10 份,用 0~10 刻度表示。5 是标准色,如 5R、5G 分别代表标准红色调和标准绿色调。而对于黑、白、灰这些无彩色,则都统一使用 N 表示它们的色调。

(2)明度的表示方法 孟塞尔体系是一个立体的结构,中间是一根垂直的轴,越往上越亮,越往下越暗。明度分为 11 个等级,最亮的是白色,明度为 10,最低的是黑色,明度为 0。当然实际上绝对的黑色或白色都是不存在的,这是因为现在的技术还不足以合成最高和最低的亮度,但通过这样的数值,可以大致了解现有物体的明暗程度。

(3)彩度的表示方法 某一特定颜色与中央轴的水平距离代表彩度,它表示具有相同明度值的颜色离开中性色的程度。彩度可以直接通过色环看出。颜色离中心越远,色彩就越纯净,彩度就越高;颜色离中心越近,色彩就越灰,彩度就越低。彩度有刻度,如 0、2、4、6、8……,当彩度是 0 时,为系统的中轴,是没有色彩的黑、白或灰色(中性色)。

由上述知识可总结出以下 4 个规律:颜色从色轮外圈向内移动,彩度降低;色调只可沿着色轮向左右两边移动,即红色只可能偏黄或偏蓝,而不可能偏绿;色轮上两个相对色调的颜色混合,颜色变浊、变黑;颜色越向上,亮度越高。

孟塞尔颜色系统对颜色的表示方法为：×××/×。第1位代表色调的数值，第2位代表色调的颜色（即前面提到的基本分类色调，用字母表示），第3位代表明度值，第4位代表彩度值。例如，5R4/14代表明度为4、彩度为14的正红色；6RP4/12代表明度为4、彩度为12的纯红紫色。另外，N0/代表绝对黑色，N10/代表绝对白色，N5/代表中灰色。

5. 调色

调色是一种综合性的技能，它不仅要求有敏锐的眼睛（对比色彩），更重要的是，要学会理解并运用所学的颜色知识，选出正确的色母，完成调色工作。

三原色即红、黄、蓝，三原色是每一个颜色的基础，三原色无法通过混合其他颜色获得，所以其他颜色可以通过混合基色而获得，如图3-11所示。

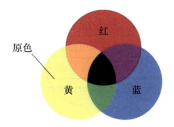

图3-11 三原色

混合三原色得到二次色，如图3-12所示。

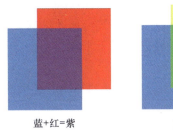

图3-12 二次色

二、工具、设备认识

1. 吹风筒

水性漆经过多年的发展，产品性能已经有了非常大的提升，在遮盖力提高、喷涂遍数减少的同时，干燥速度比溶剂型色漆更快，通常已无须使用特别安装吹风装置的烤漆房，只要烤漆房风速在0.2~0.6m/s，使用水性漆专用吹风筒即可加快水性漆干燥，提高工作效率。

水性漆用吹风筒一般有两种形式，一种为支架式（图3-13），另一种为便携式（图3-14）。在实际工作中，除可以手持吹风筒吹干工件外，在需要时可以使用固定在支架上的支架式吹风筒，使用时只需将压缩空气管路与吹风筒连接好，将吹风筒固定在支架上并放置在工件附近即可。

水性漆吹风筒空气喷口内设计有按照文丘里效应制成的大口径的文丘里管。文丘里效应是指在高速流动的气体附近会产生低压，从而产生吸附作用，故吹风筒并不只是吹出压缩空气供气，它能同时吸入大量周围的空气，使出风量达到供气量的10倍。质量较好的吹风筒进风量为200~400L/min，而出风量能够达到3000~6000L/min，不仅节约能源，同时保证了空气以适当的流速吹过漆膜表面，促使水分蒸发，使水性漆能够快速干燥。

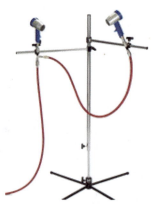
图 3-13 支架式吹风筒

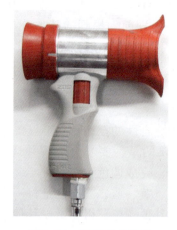
图 3-14 便携式吹风筒

在使用吹风筒时，应从工件表面侧上方沿 45°吹被涂物表面，并使吹出空气的气流方向与烤漆房的空气气流方向尽可能相同。吹风筒与工件的距离应控制在 30~80cm。在使用吹风筒时，并不是工件表面的空气流速越快越好，适当的空气流速才能保证漆膜内的水分均匀快速挥发，使水性漆内层干燥均匀，也避免了漆膜表面过于干燥。

使用吹风筒应注意以下清洁、维护的重点：

1) 在操作前，应检查滤网是否受到污染，可使用稀释剂和刷子进行清洁。

2) 如果吹风筒上沾上了涂料，可使用稀释剂和刷子清洁，但不要把吹风筒浸入稀释剂中。

3) 维护或清洁工作前，需断开吹风筒与压缩空气管路的连接，以免误开吹风筒开关，导致高速吹风吹起稀释剂产生伤害。

2. 水性漆保温柜

水性汽车修补漆主要溶剂为去离子水，由于水会在温度低于 5℃时开始结晶，这将导致水性漆中出现结晶颗粒而影响使用，同任何修补漆产品一样，高温不利于长期储存和使用，因此水性漆合适的储存温度为 5~35℃。部分品牌的水性漆采用了微胶抗沉淀技术，其色母不易沉淀，不用像溶剂型色母一样使用搅拌机搅拌，因此不需要色母搅拌机，只需要将水性漆直接放在保温柜中即可。水性漆保温柜（图 3-15）配备有一个加热器和温度控制器，可进行温度设定，在环境温度低于设定值时，保温柜会自动起动加热器，保证柜内温度在合理范围内。保温柜温度通常设定为 20℃左右，到达设定的温度后，保温柜会自动停止加热。

图 3-15 水性漆保温柜

有些水性漆需要搅拌，因为目前市场上没有同时具备搅拌和保温两种作用的保温搅拌机，故这些水性漆需要放入搅拌机里，并在搅拌机所在的调漆间安装空调，以确保室内温度不低于5℃。

3. 电子秤

电子秤用来称量色母，一般精度应达到小数点后 1~2 位，建议与调漆计算机相连配套使用，使用注意事项如下：

1）电子秤需处于水平状态。

2）为了保证称量准确性，放置电子秤的工作台不传导振动或晃动。

3）避免把电子秤放置在受气流干扰的地方，这会导致调漆时称量不准确。

4）不要在电子秤秤盘上面搅拌油漆。如果要清洁秤盘，需将秤盘拿下来清洁，以避免损坏传感器。

4. 调色灯箱

专用的调色灯箱可以达到最接近自然光的效果，避免颜色的误观察。同时，它还配备了不同的光源，一般共为 4 种。第 1 种是 D65 光源，它是最接近自然光的光源，第 2 种是荧光灯光源，第 3 种是类似于白炽灯的红光光源，第 4 种是紫外光光源。在查看颜色时，同时用不同的光源观察，可以发现和消除现象。同色异构调色灯箱最终的颜色应以 D65 为准，如图 3-16 所示。

5. 调色软件

目前一些规范的涂料公司都有自己完善的颜色配方软件，即计算机软件数据库中存有所有的颜色配方，只需将颜色代码和分量输入计算机就可以直接查阅计算好的配方数据，如图 3-17 所示。

图 3-16　调色灯箱

图 3-17　调色软件

6. 色卡

色卡是根据不同的颜色配方做出来的颜色卡片。通过色卡，可以直观地反映出颜色的属性。色卡一般采用两种分类方式：一种是按照色系来分的，另一种是按照汽车厂商来分的。色卡是很重要的调色工具，一套完整、齐全的色卡会对调漆工作起到事半功倍的效果，如图 3-18 所示。

图 3-18 色卡

7. 色母挂图

色母挂图是表现色母特性的颜色资料,是为了让调色人员能直观地了解色母的特性,方便调色而制作的,如图 3-19 所示。

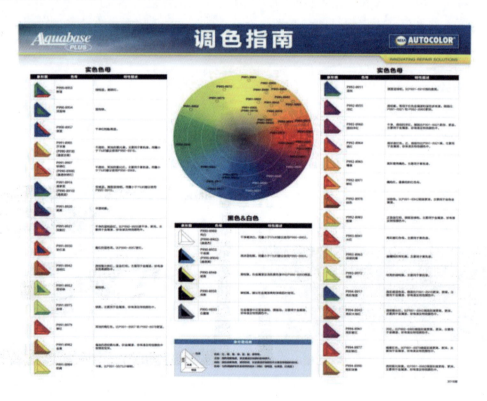

图 3-19 色母挂图

色母挂图一般包括以下方面:色母的属性、色母的正侧面色调、颗粒大小、在色相环中的位置、与白色母或银色母按一定比例混合后的颜色等。

三、调色的目的

虽然几乎所有的汽车生产厂都会对每种车色编定色号,涂料生产厂商也会为每个色号开发、制作修补漆颜色配方，但由于众多原因，车辆修补时往往需要对色漆配方进行微调，以更好地与车辆颜色匹配，即调色。色漆需要微调的原因包括：不同批次 OEM 高温漆颜色不同导致颜色差异，或车辆生产中更换了某个颜色色漆的高温漆供应商导致颜色差异，车辆在生产线涂装时不同的涂装条件也会导致颜色差异；每个汽车生产厂商都有对车辆颜色的检查标准，所以，颜色合格的车辆，其颜色和检测所用的标准颜色差别都在该汽车生产厂商规定的标准范围之内。由于不同的差异色色差方向不同，加上不同汽车生产厂商对颜色的检查标准不同，不同时期、不同批次生产的车辆相互之间的颜色差异就可能较大。当车辆出厂后及交付使用后，在不同的环境条件下受到紫外线及各种气候环境的影响，就会导致颜色有一定变化，这也是车辆修补时需要微调的一个原因。调色工作非常重要，好的专职调色技师以及既能调色又能喷涂的技师，在汽车修补行业内都非常受欢迎。

【技能训练】

一、工具、设备及辅料准备

本项目所需的工具、设备及辅料见表 3-1。

表 3-1 所需的工具、设备及辅料

防护用品	免洗枪壶	水性底色漆

水性漆喷枪	除油布	粘尘布

喷壶	吹风筒	电子秤

（续）

 色卡	 试喷板	 水性稀释剂
 除油剂	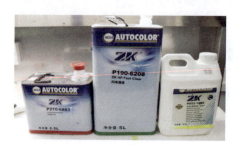 2K 清漆套装	

二、准备工作

1. 正确穿戴安全防护用品

操作方法：按要求戴好防护眼镜、防毒面罩、防溶剂手套和穿安全鞋、喷漆服

2. 查看耗材是否齐全

操作要点：根据喷涂面漆所需耗材进行准备

项目三 调 色

三、实操训练

1. 颜色配方查询方法

1）查找原厂颜色代码。

	操作方法：查到色号后，从色卡中找出这个色号的颜色色卡，和车身比对选择最接近的一个色卡，并依据颜色代码通过软件查找该颜色的最接近配方 操作要点：大部分汽车制造厂商都会在车身上安装一个金属或者其他材质的标牌，在标牌上注明色号。不同的汽车标牌贴在车内不同的位置上，常见汽车标牌位置。不同品牌的汽车，颜色代码的表示方法各有不同

2）通过色卡查对车身颜色。

	操作方法：当在颜色代码铭牌找不到或车身颜色或与代码颜色不符时，可以直接利用色卡与车身表面的颜色进行对比，找出颜色最接近的色卡，再查看色卡上的颜色代码 操作要点：如果从色卡看该颜色仍然有些偏深，那么可以根据计算机分析选择另外一个色卡颜色浅的配方作为起始配方来进行微调

3）使用测色仪测出配方。

	操作方法：有些涂料厂商开发了测色仪，即使无法查到某个车色的对应色号，也可以使用测色仪测出该颜色在配方数据库中最接近的配方，准确而且高效，从而能够大大简化调色工作 利用测色仪测出颜色再通过软件获得颜色配方的方法由于有更新方便、查找迅速、信息量大等特点，目前使用较多

2. 清洁板件

	操作方法：无论是使用色卡比对选择最接近的颜色，还是使用测色仪测色，当车辆表面车漆比较旧、划伤比较严重或者老化比较严重时，要先用抛光细蜡处理一下表面，再使用色卡比色或使用测色仪测色，这样才能选择最接近的颜色

3. 使用色卡比对车身颜色

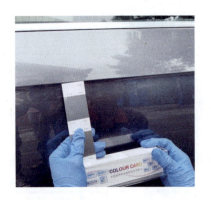

操作方法：选择最接近的颜色与车身进行比对

4. 通过色卡信息查找配方

1）打开调色软件。

操作方法：运行程序，打开颜色配方软件界面，左键单击"查找"按钮

2）填写相关信息。

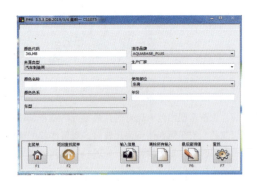

操作方法：从色卡中找出相关信息
操作要点：颜色代码、油漆品牌、使用部位要准确

3）左键单击"确认按钮"。

操作方法：左键单击"确认"按钮，核对相关颜色信息后左键单击"确认"按钮

4）获取颜色配方。

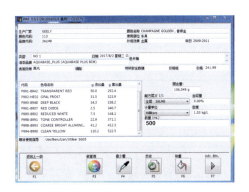

操作方法：得出色母配方后，根据喷涂的用量输入"数量"（如100mL）就自动生成所需要的用量

5. 按照配方添加色母

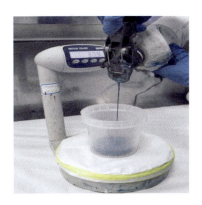

操作方法：使用电子秤按照配方称量、添加已搅拌均匀的色母调配出色漆。此时需留意计算机上查出的配方有累计量和绝对量两种，如果所使用的是累计量配方，则添加完一个色母后不能将电子秤归零，而应继续添加。色母添加完成后，将混合好的色漆搅拌均匀

操作要点：按照配方添加色母时，可以使用通常所说的"减量法"调色，在前一步骤中使用这个颜色的色卡和车身对比时，已经判断出了颜色差异，此时可以根据这种差异预先减少某种色母的添加量，以使接下来的颜色微调工作更为简单。减少的量需要根据颜色差异的程度判断决定

6. 将底色漆倒入枪壶进行分杯

操作要点：分杯的色漆量必须要保证1块试喷板的喷涂用量（10cm×15cm的色板一般需要20g左右）

7. 加入水性漆稀释剂

操作方法：稀释剂的加入量必须严格按照产品手册说明添加，不得过多或过少，同时每份的添加量要相等，否则会影响颜色的准确性；将底色漆搅拌均匀

操作要点：稀释剂配比比例和挥发速度对颜色的影响具体见下表

浅	颜色偏向	深
少	←稀释剂配比→	多
快干	←稀释剂类型→	慢干

8. 安装枪壶

1）安装壶盖，拧紧黑色密封圈。

操作方法：由于壶盖上有自带的过滤网，所以无须过滤。如果没有过滤网，则需要使用水性漆专用的125μm网眼尼龙过滤网。然后，将黑色的密封圈固定好，并拧紧

拧紧后检查四周，确认是否已经牢固、封闭，以防油漆漏出。如果未拧紧，油漆会从盖缝中流出，造成油漆浪费或污染工件表面

2）选用1.25~1.3mm口径的喷枪。

操作方法：选择SATAjet 5000B HVLP WSP喷枪，其特点是雾化精细、雾化区宽度大、喷幅分散，喷涂后颜色均匀、饱满

操作要点：不同型号的喷枪喷涂Aquabase PLUS水性底色漆时，其喷涂参数的调节有所差异。要想得到良好的效果，必须选择合适的喷枪，并将喷枪各参数调整至正确

3）将枪壶安装到喷枪上。

操作方法：左手固定喷壶，右手持喷枪，将螺纹口对准后顺时针方向拧紧

9. 色板表面脱脂

操作方法：先用水性清洁剂 P980-8252 清洁，再用除油剂 P850-14/1402 清洁

操作要点：清洁好后，避免二次污染

10. 固定喷涂的色板

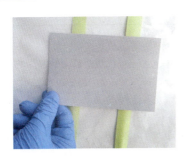

操作方法：加固色板，防止在喷涂过程中被压缩空气吹落

11. 对色板进行粘尘处理

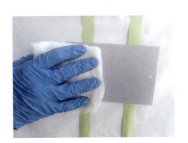

操作要点：需要把粘尘布打开再折叠进行粘尘

12. 底色漆喷枪调整

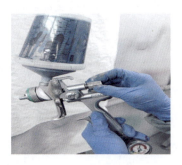

操作方法：必须严格按照产品手册说明选用与调节喷枪，以匹配原车（目标色板）的喷涂参数，否则会影响颜色的准确性

操作要点：喷枪口径、喷涂气压、喷涂扇面、出漆量等对颜色的影响具体见下表

浅	颜色偏向	深
小	←喷枪口径→	大
大	←气压调节→	小
大	←扇面调节→	小
小	←油漆流量→	大

13. 试喷，检查喷枪喷幅状况

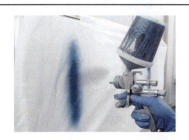

操作方法：试喷时，打开枪壶上端通气孔，以免影响喷涂效果

检查喷幅是否正常，通常喷枪扇面调整至20cm左右

14. 喷涂配方色板

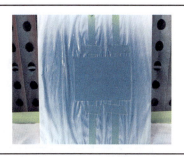

操作要点：喷涂手法应与车身（目标板）喷涂手法一致，喷涂范围必须大于色板面积，如色板为10cm×15cm，则喷涂范围建议不小于20cm×30cm。以SATA 5000BHVLPWSB喷枪为例，具体喷涂方法及喷枪参数参照水性底色漆喷涂方法，也可查阅产品使用手册

喷涂时的走枪速度、距离、喷涂次数都要按照产品使用手册的要求来进行

15. 使用吹风筒吹干

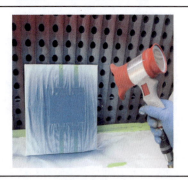

操作要点：在使用吹风筒时应从工件侧上方沿45°吹向工件，使吹出空气的气流方向与烤漆房的空气流方向尽可能相同，同时保持吹风筒与工件30~80cm的距离

吹风筒始终保持向下吹风

项目三 调 色

16. 检查闪干后喷涂效果层（雾喷层）

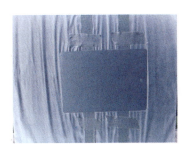

操作方法：在喷涂效果层前应确保色漆已达到遮盖要求，可通过观察色板中间的黑线来判断。若看不到黑线，则说明色漆已达到遮盖要求；若还能看到黑线，则需再喷涂遮盖层

17. 调整出漆量、喷幅、气压

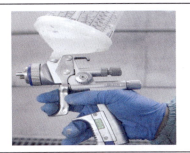

操作方法：在配方板喷涂时，需将喷涂参数调至与喷涂车身（目标板）一致

操作要点：确保各参数正确

18. 试喷，检查喷枪喷幅状况

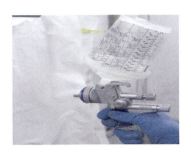

操作方法：试喷时，打开枪壶上端通气孔，以免影响喷涂效果

检查喷幅是否正常，通常喷枪扇面调整至20cm左右

19. 喷涂清漆

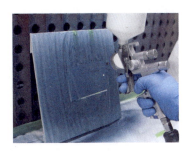

操作要点：清漆喷涂方法必须与喷涂车身时方法一致，范围与色漆喷涂范围相同

清漆层可喷涂得稍薄一点，以便快速闪干后进行烘烤；若清漆的厚度对微调油漆的颜色影响大时（如三工序珍珠漆），清漆的厚度必须与工件（目标板）接近或一致

20. 色板干燥，转移色板至烘烤箱

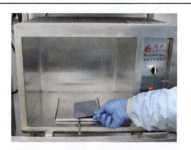

操作要点：在取色板转移过程中注意不要碰触到色板表面，以免碰伤

色差板烘烤前应闪干至指触不拉丝为宜，否则烘烤过程中易产生痱子等缺陷，严重时会影响对色效果

21. 比对车身颜色板与配方板

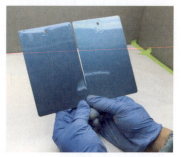

左板为车身颜色板，右板为配方板

操作方法：在自然光下或者标准光源对色灯箱里比较颜色差别，根据颜色差别及色母特性图、色母色环图选择合适的色母，加入色漆对颜色进行微调

操作要点：不要在阳光直射处或者在很暗的光线下比色，也不要在普通荧光灯等非标准光源下比色。不合适的光源会发生颜色变化，误导对颜色差别的判断，导致调色不准确

技术要点：重复步骤5～步骤21，直至颜色接近至原车身颜色即可

22. 6S 整理

1）整理工位，工具、设备复位。

操作方法：工作完毕后及时切断气源并清理现场，将设备、工具归位，恢复原状

2）清洗喷枪。

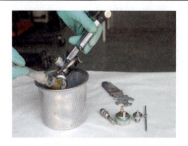

操作方法：将喷枪的枪针、风帽、喷嘴拆卸下来，用水性喷枪清洁剂彻底清洗，并用气枪吹干。把需要润滑的零件添加润滑油后，将喷枪重新组装。清洗喷枪时，应当佩戴劳保用品，包括喷漆服、安全鞋、防护眼镜、防毒面罩、防溶剂手套。注意，喷涂水性漆要用专用的水性喷枪清洁剂清洗喷枪

项目三 调 色

任务二
水性银粉漆微调

【任务描述】

一辆汽车在马路行驶过程中与另外一辆汽车车身相剐蹭，导致两辆车的前翼子板受到了不同程度的损伤，经过专业的技师对这两辆车进行车身分析，判断出漆面已经受损伤比较严重，需要进行专业的喷涂修复面漆。经过清洁脱脂、损伤处理、底漆喷涂、原子灰刮涂及打磨、中涂漆喷涂、面漆前处理的车门，其表面已经恢复了原来的形状，此车要求进行水性漆喷涂，需要按照色号找出色母配方进行对比来做微调，使颜色更加准确。

【学习目标】

目标名称	目标内容
知识目标	1. 掌握颜色差异的分析方法
	2. 掌握人工微调的注意事项
技能目标	1. 能根据颜色判断调配出素色、普通银粉色漆
	2. 能判断普通银粉色漆样板与目标板的色差并正确选择色母
情感目标	1. 培养学生爱岗敬业的职业道德
	2. 培养学生良好的服务意识

建议学时：30 学时。

【相关知识】

一、颜色微调的重要性

每辆汽车颜色都有汽车生产厂编定的色号，通过这个色号就可以查到涂料生产厂商为每个色号制作的修补漆颜色配方。但由于以下原因，车辆修补时往往需要按照配方调出的色漆进行微调，确保涂装维修后的车辆颜色准确：
1）不同批次新车颜色有一定差异。
2）车辆受到外界天气、环境因素的影响，颜色会有一定变化。
3）不同涂装人员的喷涂手法存在差异。

二、人工微调的调色步骤

1）标准板表面处理：进行清洁、抛光（呈现原来的面貌）。
2）色母特性分析：分析各种色母在配方中的影响，分析 3 属性（明度、色调和彩度），选择相同或相近的颜色配方。

3）颜色差异分析：分析、比较标准板和试样色板在 3 属性上的差异。银粉珍珠色要同时用正、侧面做比较。

4）颜色修正：加入色母或减少色母，并确定颜色改变的方向是否正确。

5）确定需要添加的色母：添加或减少用量，一般不超过原色母量的 5% 为宜，一次只针对一个变量做调整（调色最重要的是能准确判断出正确的配方和正确的方向，这样才能节省时间及原料，创造经济效益）。

6）正确计算配方。例如在品牌油漆的色母中，一般给出的是某种色母或添加剂在总量中占的质量比，而在调配颜色时，经常会用到体积比例的方法，所以在配色前需要对配方做出正确计算，统一用质量比进行计算。

7）添加色母并充分搅拌。

三、人工微调时的注意事项

1. 核对颜色
首先确认是否有原厂漆号，颜色与色卡有无色差（偏红、偏绿等）。

1）试喷小样板，对于双工序（或三工序）面漆还需喷涂清漆，待干燥后再对色。

2）在充足的自然光或标准灯箱下对色，室内人造光源下对色会产生误差。

3）依据完好、清洁的车身表面核对颜色。

4）以第一印象为准，盯得时间越长，越难以判断。

2. 确定试板的色差
1）试板的颜色在色环图上的定位。

2）它有哪些方向可以移动。

3）需要它向哪个方向调整。

4）配方中用到哪些色母。

5）每个色母会使颜色向哪个方向移动。

3. 色母选择
1）根据色母特性及色环原理选择可能需要用到的色母。

2）尽量使用配方中原有色母进行调整。

4. 遵循微调规则
1）先做试验性的微调。

2）使用原配方中的色母进行微调。

3）从浅到深、从纯净到浑浊调整。

4）喷涂试板并等待颜色干燥。

5）喷板时要达到遮盖力。

6）将试板与目标颜色进行比较。

5. 喷涂试板
1）正确喷涂试板。

2）不要用湿漆比色，大多数素色漆干燥后颜色会变深。

3）喷涂试板时的手法应与车身的喷涂手法一致。

4）在涂膜充分固化后才能进行比色。

由于汽车修补的颜色千变万化，颜色的配方往往只能提供相对接近的颜色。因此，多练习、多思考、多留意、多学习，纯熟地掌握色母的变化特性，做到心细、眼灵、手巧，具备对颜色敏锐的辨察力及对色母变化规律的灵活掌握，才能成为一名优秀的调漆师。

【技能训练】

一、工具、设备及辅料准备

本项目所需的工具、设备及辅料见表3-2。

表3-2 所需的工具、设备及辅料

防护用品	免洗枪壶	水性底色漆
		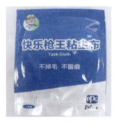
水性漆喷枪	除油布	粘尘布

喷壶	吹风筒	电子秤

（续）

 油性除油剂	 水性稀释剂	 水性清洁剂
 2K清漆套装	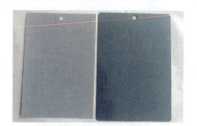 试喷板与目标板	

二、准备工作

1. 正确穿戴安全防护用品

	操作要点：调配色漆需要戴好防护眼镜、防毒面罩、防溶剂手套和穿好安全鞋、喷漆服

2. 查看耗材是否齐全

	操作方法：根据喷涂面漆所需耗材进行准备

3. 查看设备状态

操作方法：检查电子秤是否准确，按下清零键，观察数字是否清零

操作要点：设备、工具如不能正确或正常使用，会产生微小的误差，而这微小的误差会导致最终颜色的不准确，如电子秤计量不准确等

三、实操训练

1. 将底色漆倒入枪壶进行分杯

操作方法：根据提供的试喷板数量将色漆平均分为若干份（本次提供 4 块试喷板和 100g 油漆，即平均分 4 份，每份为 25g）。

技术要点：分杯的油漆量必须要保证 1 块色板的喷涂用量（10cm×15cm 的色板一般需要 20g 左右），同时以 100g 的整除数 4 进行分杯，方便计算（如本次微调差异色为 25g，在其中加入某个色母 0.3g 后达到喷涂要求，但喷涂的油漆用量需 500g，此时便可计算出 500g 差异色中所需加入色母的用量，即 500÷25×0.3g=6g）

2. 调漆、喷涂
3. 分析标准板与色差板差异

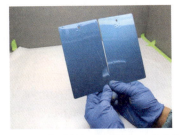

左板为 A（标准板），右板为 B（色差板）

操作方法：选择合适的光源、背景色、比色角度，将标准板与色差板相邻放置，并置于同一平面后进行比色。比色时，需从颜色的三属性、银粉颗粒（粗细、多少）等方面进行分析，并记录正、侧面差异

操作要点：以本次微调的样板为例（银粉漆、珍珠漆需分析正、侧面的差异）具体分析见下表

比对面分析项目	色调	明度	彩度	银粉颗粒	A 板调到 B 板
正面（A 比 B）	略偏黄	暗	浑浊	相同	降低明度、彩度
侧面（A 比 B）	蓝相	暗	浑浊	相同	降低明度、彩度

4. 色母、银粉漆特性分析

编号	名称	在素色漆中	在银粉/珍珠中	
			正面	侧面
8988	中闪银		干净/亮	暗
8916	皇家蓝	绿相蓝	比8957更绿	稍带红相
8950	深黑	比8948更深更蓝	和8948一样稍带黄相	比8948更深
8957	坚蓝	酞菁蓝	绿相	红相
8935	洋红	蓝红相	蓝相	深蓝相
8920	黑紫	红相紫	干净紫	微带红相
8902	通透白	仅使用于微调	脏	变浅/变暗
8972	深黄	绿相黄	脏黄相	浊黄/绿相
8991	控色剂			

操作要点：色母在色母特性挂图中标注的位置表示该色母的特性，不同油漆品牌的色母特性挂图的表述方式不同，但所表述的内容都相似

经查阅色母特性挂图（或色母特性表）后可得出上述配方中各色母的特性，具体见左边表中。熟记色母特性能提高色母选用的正确性，降低"走弯路"的概率，节约时间

5. 选择色母

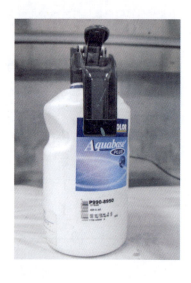

操作方法：根据样板颜色分析和色母特性表的分析，利用排除法进行色母选择。在样板颜色分析中得出：

1）通过正面、侧面比对银粉颗粒（大小、多少）无变化，则可排除银粉色母8988

2）A板正面、侧面都比B板暗、浑浊，因此初步确定需要在差异色油漆中加入黑色色母（黑色能降低明度，同时能降低彩度）

3）A板正面比B板略偏黄相，侧面无差异，此时根据色母特性分析可排除黑紫、洋红色母8920、8935、黄、白色母8972和8902及8991控色剂

4）蓝色色母8957、8916在蓝色银粉/珍珠漆中正面偏绿（靠近绿色调），侧面偏紫（靠近紫色调）

经上述分析，初步确定此次微调应添加的色母为黑色色母8950

操作要点：平时应加强色感培养，正确分析样板颜色差异，熟记色母特性，否则容易选错色母

6. 微调色漆（第1次）

操作方法：选择黑色色母8950，初次添加色母量不宜过多具体添加量可根据以下公式计算：色母的净重（需添加色母在配方中的质量）÷配方总质量（所有色母累计量）×50 = 首次微调的添加量，以本次微调为例，首次添加质量应为：$3÷100×50=1.5$（g）

7. 喷涂微调板（第 1 块板 C1）

操作方法：参考"任务一 水性漆调色"的实操训练中的步骤 7-20

8. 目标板（A）与微调板（C1）、色差板（B）进行比色

操作方法：将 A、B、C1 板并置于同一平面后相邻放置进行比色（如左图）。对色时，需要观察正面、侧面的颜色差异

通过比色后，目标板（A）、微调板（C1）、色差板（B）三者之间一般会存在以下 3 种位置关系：

位置关系 1：微调板（C1）处在标准板（A）与色差板（B）之间，即颜色由 B 到 C1 慢慢接近 A。此时表明，色母选择正确无误，颜色已慢慢向 A 靠近，需要注意的只是添加量多少的问题

位置关系 2：标准板（A）处在微调板（C1）与色差板（B）之间，即颜色由 B 到 A 慢慢接近 C1。此时表明，色母选择正确无误，但首次添加的色母量过多，在下次微调时需要减少添加量

位置关系 3：微调板（C1）脱离由 B 到 A 的颜色渐变主线，即不能夹在标准板（A）与色差板（B）之间；也不能形成位置关系 2，颜色由 B 到 A 慢慢接近 C1 时，说明色母选择错误，需要重新分析 A、B 板的颜色差异和各色母的特性

9. 微调色漆（第 2 次）及喷涂微调板（第 2 块板 C2）

操作方法：以本次微调操作为例，在喷涂 C1 板的色漆（25g）中加入了 0.15g 的黑色色母 8950，则应在 C2 板的色漆（25g）中加入了 0.15g×3＝0.45g 的黑色色母 8948（注：一般情况下添加量应小于 3 倍，以免分析不当造成过量添加。运用此方法需长期积累经验，并熟知色母特性）

根据上述的分析结果在 25g 差异色油漆中加入不超过 0.45g 黑色色母 8950

10. 目标板 A 与微调板（第 1 块板 C1）、微调板（第 2 块板 C2）进行比色

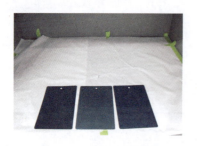

操作方法：将 A、C1、C2 板置于同一平面后相邻放置（如左图）进行比色。对色时，需要观察正面、侧面的颜色差异

通过比色后，若发现 C2 处在 A 与 C1 之间（如左图所示），即颜色由 C1 到 C2 慢慢接近 A 时，此时将 C1 与 A 之间的颜色差异距离假设为 1，分析判断 C2 从 C1 到 A "走" 了多少距离，从而确定下一次的增加量。以本次微调操作为例，如 C2 从 C1 到 A "走" 约 2/3 的距离（C2 到 A 还有 1/3 的路），则下次需在 C2 的添加基础上，再增加 C1 到 C2 添加量的 1/2 倍，即 0.45（微调板 C1 用量）+ 0.3/2（C1 到 C2 添加量的 1/2 倍）= 0.6（g）

11. 微调色漆（第 3 次）喷涂微调板（第 3 块板 C3）

操作方法：根据上述的分析结果在 25g 差异色油漆中加入不超过 0.6g 的黑色色母 8950

12. 目标板与微调板、色差板进行比色

操作方法：将所有色板（B、C1、C2、C3）与 A 进行比色，挑选出最接近 A 的色板

操作要点：挑选色板时，要保证上交的色板表面不能有影响颜色比对的缺陷，如严重的痱子、起花、失光等

13. 6S 整理

1）整理工位，工具、设备复位。

操作方法：将产品包装盖盖好并归位，使用完毕后将工具、工位恢复原状，气管归位

2）清洗喷枪。

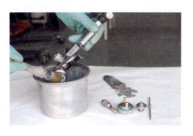

操作方法：将喷枪的枪针、风帽、喷嘴拆卸下来，用稀释剂彻底清洗，并用气枪吹干。把需要润滑的零件添加润滑油后，将喷枪重新组装。清洗喷枪时，应当穿好喷漆服、安全鞋和戴好防护眼镜、防毒面罩、防溶剂手套

项目四

面漆喷涂

汽车面漆是涂覆于车辆表面最外层的漆膜,起着装饰、标识和保护底材的作用。通过喷涂面漆可装饰汽车外观,最大限度地表现车体的设计构思,实现颜色设计的各种各样的色彩和图案,大幅度地提高汽车的商品价值。

随着汽车工业的飞速发展,汽车面漆无论在所用的基料方面,还是在颜色和施工应用方面,都经历了无数次质的变化,由原来使用的油性漆逐步转换为水性漆。自从进入20世纪90年代以来,为执行全球性和地区环保法,减少汽车面漆挥发剂的排放量,全球汽车修补漆领域主要推广和广泛使用的是水性底色漆。

本项目要求学生在完成单工序面漆喷涂、双工序银粉漆喷涂、水性银粉漆喷涂、清漆喷涂的同时,做到规范穿戴个人防护用品,在喷涂色漆前表面清洁工作规范,正确调节喷枪,双工序银粉漆喷涂工艺规范,喷涂后银粉漆不发花、不露底,无流挂,清漆喷涂后不漏喷、无流挂、有光泽;操作完毕后,按6S要求整理工位(工具、设备复位,工位清洁,废物统一放置在规定的废弃物容器内),互相学习和交流相关专业知识技能方法,做到熟练掌握,灵活运用。

本项目的任务有:

任务一 喷涂单工序面漆

任务二 喷涂双工序银粉漆

任务三 喷涂水性银粉漆

任务四 喷涂清漆

任务一
喷涂单工序面漆

【任务描述】

一辆汽车被剐蹭到右前门面漆，经过专业的技师对车门进行分析后，判断出漆面已经受到损伤，需要进行专业的喷涂修复漆面；经过清洁脱脂，损伤处理，底漆喷涂、原子灰刮涂及打磨、中涂漆喷涂、面漆前处理的车门，其表面已经恢复原来的形状，经鉴定，该车辆面漆是单工序面漆，现需要进行单工序面漆的喷涂。

【学习目标】

目标名称	目标内容
知识目标	1. 掌握单工序面漆喷涂的目的
	2. 掌握喷枪的选择与调整要求
技能目标	1. 能够叙述单工序面漆喷涂工艺流程
	2. 能够使用喷枪完成单工序面漆整板喷涂
情感目标	1. 培养学生爱岗敬业的职业道德
	2. 培养良好的工作习惯和安全意识

建议学时：30 学时。

【相关知识】

一、汽车面漆的类型

1. 面漆按照施工工序分类

单工序是指喷涂同一种涂料即形成完整的面涂层的喷涂工序。单工序面漆一般是纯色漆，它可以简化涂装工艺，降低成本。

双工序指喷涂两种不同的涂料才能形成完整的面涂层的喷涂工序，通常是先喷涂色漆，然后喷涂罩光清漆，两种涂层结合在一起才能形成有质量保证的完整的面涂层。可以采用双工序的面漆有纯色漆、金属漆及遮盖力较好的珍珠漆，喷涂罩光清漆可以增强颜色效果，提高光泽。

三工序更为复杂，如三工序珍珠漆通常是先喷一层打底色漆，然后喷一层珍珠漆，最后喷罩光清漆，3 个涂层结合才能形成完整的面涂层。一般珍珠漆及遮盖力较差的金属漆采用三工序方法施工。

一般单工序面漆的颜色效果比较单调，但容易调色；二、三工序面漆的颜色效果比较丰富,但施工及修补复杂,调色较难。

2. 面漆按颜色效果分类

纯色漆也叫作素色漆,是将各种颜色的颜料研磨得非常细小,均匀地分散在树脂基料中制成的各种颜色的涂料。纯色漆可以制成单工序或双工序的涂料。

金属漆是以金属粉颗粒和普通着色颜料混合加入树脂基料中制成。经过金属漆涂装后的工件表面看起来晶莹闪亮,而且在不同的角度下,由于光线的折射,整车外观造型看起来更流畅、富有层次感,采用双工序施工。

珍珠漆是根据天然珍珠的原理,在片状的云母片上加上不同厚度的钛白粉或氧化铁等无机氧化物,做成细薄片状后加入油漆中,当光线照在这些人造珍珠片上时,就可以产生类似珍珠的彩虹效果。

二、单工序面漆的特点

1)喷涂同一种涂料即形成完整的面漆层。
2)一般是纯色漆,而且多是双组分型涂料。
3)与双工序、三工序面漆相比,单工序面漆颜色比较单调,施工比较简单,成本较低。
4)单工序纯色面漆一般喷涂 3 次就能形成所需的膜厚、光泽和色调。

【技能训练】

一、工具、设备及辅料准备

本项目所需的工具、设备及辅料见表 4-1。

表 4-1 所需的工具、设备及辅料

防护用品	免洗枪壶	调漆尺
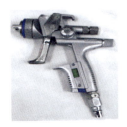		
色漆喷枪	喷壶	粘尘布

（续）

 除油布	 单工序面漆	 固化剂
 除油剂	 稀释剂	 电子秤

二、准备工作

1. 将板件移进烤漆房内

操作要点：板件在移动过程中，尽量不要触碰到板件正面，以免产生二次污染

板件应挂牢固

2. 正确穿戴安全防护用品

操作方法：佩戴防护眼镜、防毒面罩、防溶剂手套和穿好安全鞋、喷漆服

3. 检查单工序面漆喷涂材料是否齐全

操作方法：根据喷涂单工序面漆所需耗材进行准备

三、实操训练

1. 安装免洗枪壶通气孔盖子

操作要点：本次使用的是 SATA 免洗枪壶，必须装上相配的通气孔盖子，否则油漆会从枪壶的通气孔流出，污染整个桌面

2. 将免洗枪壶放置在电子秤上

操作方法：将枪壶轻轻放置于电子秤秤台后，按下归零键。确认电子秤准确

操作要点：电子秤必须水平放置，避免高温、振动

3. 将面漆倒入免洗枪壶

操作要点：枪壶外壳上有刻度，可以根据喷涂的面积来选择倒入所需的清漆量，以免造成浪费

以此次喷涂车门为例，只需要 350g 左右的色漆便可达到良好的光泽及纹理的要求。若用量过多，涂层过厚，不仅会延长闪干时间，甚至产生流挂，还可能在烘烤过程中产生严重痱子、溶剂泡等缺陷，影响最终效果

4. 按比例加入固化剂和稀释剂

操作方法：按照产品手册，选择对应的固化剂，不同品牌的涂料不可混合使用

操作要点：具体调配比例见下表（可查阅产品使用手册，此比例为体积比）

单工序面漆	固化剂	稀释剂
P420 纯色漆	P210-938/939	P850-2K
2 份	1 份	5%～15%

5. 用调漆尺搅拌面漆

操作方法：将色漆与固化剂、稀释剂充分搅拌均匀。搅拌时，调漆尺可以有意地沿壶壁上刮蹭，使壶壁上的油漆充分地搅拌均匀

操作要点：沿免洗枪壶的壶壁顺时针方向（或逆时针）轻轻搅拌可减少气泡的产生。应将免洗枪壶拿到桌面上搅拌，不要放置在电子秤上搅拌，以免压坏或污染电子秤

6. 清洁调漆尺

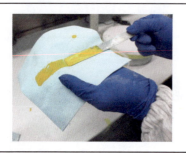

操作方法：搅拌均匀后立即将调漆尺清洁干净，以便下次使用

7. 安装枪壶

1）安装滤网。

操作方法：由于壶盖上有自带的过滤网，所以无须过滤。如果没有过滤网，则需要使用油性漆专用的 120μm 网眼尼龙过滤网

拧紧后检查四周，确认是否已经牢固、封闭，以防油漆漏出。如果未拧紧，油漆会从盖缝中流出，造成油漆浪费或污染工件表面

2）选用 1.3mm 口径的喷枪。

操作方法：选择口径为 1.3mm 的面漆喷枪，其特点是雾化精细、雾化区宽度大、喷幅分散，喷涂后颜色均匀、饱满

操作要点：不同型号的喷枪喷涂底色漆时，要想得到良好的效果，必须选择合适的喷枪，并将喷枪各参数调整正确

3）将枪壶安装到喷枪上。

操作方法：右手固定枪壶，左手持喷枪，将螺纹口对准后顺时针方向拧紧

8. 对板件进行粘尘

操作方法：先取出粘尘布，然后展开；粘尘时，应先正面后边角，由上至下依次在工件上粘尘，避免二次污染

操作要点：注意擦拭力度，防止在工件表面残留"黏"性物质

9. 调整出漆量

操作方法：将涂料流量调节旋钮按顺时针拧紧后退出两圈，然后锁紧锁止旋钮

调节旋钮顺时针旋转，流量减小，反之，流量增大

10. 调整扇面（喷幅）

操作方法：将扇面控制旋钮按顺时针旋紧，然后逆时针拧至最大开度，同时观察旋钮转动圈数，再拧回1/4开度

调节旋钮顺时针旋转，扇面减小；反之，扇面增大

11. 调节喷涂气压

操作方法：按下扳机第一档，使喷枪出气达到全开状态并保持，调节空气流量调节螺母，使压力表为 2.0bar

操作要点：保证压力正确，以免影响喷涂效果

12. 试喷，检查喷枪扇面状况

操作方法：喷涂之前，必须在测试纸上进行喷涂，并对面漆扇面进行观察，检查扇面是否合适

通常喷枪扇面调整至 20cm 左右

13. 喷涂单工序面漆

1）喷涂第 1 层。

操作方法：将工件表面从上往下薄薄地雾喷 1 层。此次喷涂一定不能过厚，只要达到均匀的薄薄 1 层，有轻微的光泽即可

操作要点：涂层薄而均匀，有磨穿的可以先喷磨穿部位

2）喷涂第 2 层。

操作方法：将工件按照先内后外、先边后面、先上后下的顺序正常喷涂 1 层

操作要点：涂膜层厚度一致、颜色均匀、平整光滑

项目四　面漆喷涂

3）喷涂第3层。

操作方法：静置5~10min，按照第2遍的喷涂顺序及喷涂方法正常喷涂一层。如颜色比较难遮盖，在闪干后可以多喷涂1~2层，直到颜色一致

喷涂后整个工件表面应比上一道色漆更湿润，能清晰地看见灯管影子，注意不要喷涂过厚产生流挂

4）检查喷涂后效果。

操作方法：闪干10min后，烘烤面漆

操作要点：涂膜厚度应均匀丰满，纹理平整光滑，颜色一致，光泽度高、无流痕、无明显缺陷

14. 6S整理

1）整理工位，工具、设备复位。

操作方法：工作完毕后及时切断气源并清理现场，将设备、工具归位，恢复原状

2）清洗喷枪。

操作方法：将喷枪的枪针、风帽、喷嘴拆卸下来，用稀释剂彻底清洗，并用气枪吹干。把需要润滑的零件添加润滑油后，将喷枪重新组装。清洗喷枪时，应当穿好喷漆服、安全鞋和佩戴防护眼镜、防毒面罩、防溶剂手套

99

任务二 喷涂双工序银粉漆

【任务描述】

一辆汽车在行驶过程中被另一辆汽车车头剐蹭到右前门，经过专业的技师对车门进行分析，判断出漆面已经受到损伤，需要进行专业的喷涂修复漆面。经过清洁脱脂，损伤处理，底漆喷涂、原子灰刮涂及打磨、中涂漆喷涂、面漆前处理的车门，其表面已经恢复原来的形状，接下来我们一起进入双工序银粉漆喷涂的学习。

【学习目标】

目标名称	目标内容
知识目标	1. 掌握双工序银粉漆喷涂方法
	2. 掌握银粉漆颜色的影响因素
技能目标	1. 能够叙述双工序银粉漆喷涂工艺流程
	2. 能使用喷枪完成银粉漆整板喷涂
情感目标	1. 培养学生爱岗敬业的职业道德
	2. 培养良好的工作习惯和安全意识

建议学时：30 学时。

【相关知识】

一、银粉色母的种类

银粉色母中实际上是铝粉，根据铝粉加工程度的不同，有多种银粉色母分类的方式，需要了解的是按银粉颗粒的外形、亮度及大小将其分类的方法及其作用。银粉颗粒有各种大小是为了增强调色能力的需要，通常来说，同一类型的银粉，颗粒越粗，正视越亮，侧视越暗。

按银粉颗粒外形可以把银粉分成两类：不规则形和椭圆形。不规则形银粉的上面有各种各样的棱角，看上去就像一大堆奇形怪状的石头，而椭圆形的银粉是椭圆的球形。这两种银粉在使用上截然不同，不规则形的银粉因为有"漫反射"的作用，正面的亮度相对稍低，而侧视的亮度较高；椭圆形的银粉由于表面反射光的角度一致，所以正面亮度较高，但侧视却很暗。实际应用时如果需要把正面调得更"白"、更亮或需要把侧视色调调暗，那么更换银粉的种类是最有效和最常用的手段，并且在很多时候也是唯一的手段。

按银粉颗粒亮度一般可以把银粉分成无（平）光银、亮银和闪银 3 类。这种分类在外观上比较好辨认,在正面亮度上它们按顺序增大,在侧视亮度上则是按顺序变黑。实际使用中,一般以使用亮银和闪银为主,因为它们纯度高,调出来的颜色纯净,饱和度高,操作时主要用它们来提高颜色的亮度和纯度。

二、常见银粉的使用特点

1)在亮银和闪银中使用的银粉颗粒越小,正面、侧面越白,越浅亮。

2)银粉的颗粒越大,正面就越闪亮,但侧面会越暗。

3)加入少量亮银、闪银粉能使颜色的正面亮度升高,数量继续增加就只会使颜色正面和侧视变灰,颜色饱和度下降。加入无光银对正面、侧面都只能起到变灰的作用。

4)颗粒大小相近时,侧视颗粒椭圆形的银粉会比颗粒形状不规则的银粉更暗。

5)无光银的正面最黑,侧面最浅;闪银的正面最亮,侧面最黑。

6)通常提到的很"白"的银粉,一般是指颗粒不会太粗而且亮度很高的银粉。

7)选择银粉色母一般可以先判断需要使用的银粉亮度级别,明确需要使用哪一类或哪两类亮度的银粉色母,再判断银粉的颗粒粗细,确定使用何种粗细的银粉色母及其数量比例。

8)可以在阳光直射下或者使用太阳灯检查银粉的颗粒闪亮程度。

【技能训练】

一、工具、设备及辅料准备

本项目所需的工具、设备及辅料见表4-2。

表4-2 所需的工具、设备及辅料

防护用品	免洗枪壶	银粉漆
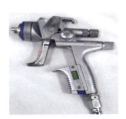		
色漆喷枪	喷壶	粘尘布

（续）

 除油布	 调漆尺	 对色灯
 除油剂	 稀释剂	 电子秤

二、准备工作

1. 将板件移进烤漆房内

操作要点：板件在移动过程中，尽量不要触碰到板件正面，以免产生二次污染

板件应挂牢固

2. 正确穿戴安全防护用品

操作方法：佩戴防护眼镜、防毒面罩、防溶剂手套和穿好安全鞋、喷漆服

项目四　面漆喷涂

3. 检查喷涂双工序银粉漆施工材料是否齐全

操作方法：根据喷涂双工序银粉漆所需耗材进行准备

三、实操训练

1. 安装免洗枪壶内胆

操作要点：这里使用的是 PPG 免洗枪壶，必须装上相配的内胆，否则油漆会从枪壶下的漏洞中流出，污染整个桌面

2. 将枪壶放置在电子秤上

操作方法：将枪壶轻轻放置于电子秤秤台后，按下归零键。确认电子秤准确

操作要点：电子秤必须水平放置，避免高温、振动

3. 将双工序银粉漆倒入枪壶

操作要点：可根据喷涂的面漆来确定色漆用量，以免造成浪费

此次喷涂以车门为例，在选择合适灰度的中涂漆的前提下，只需要使用 200g 左右的双工序银粉漆便可达到遮盖要求

103

4. 按比例加入稀释剂

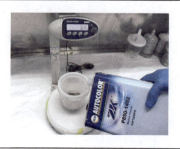

操作方法：稀释剂添加量按产品使用手册要求，根据环境、湿度等因素酌情加入

操作要点：具体调配比例见下表（可查阅产品使用手册，此比例为体积比）PPG-422 系列银粉漆比例

银粉色漆	稀释剂
P422	P850-2K
1 份	1 份

5. 用调漆尺搅拌底色漆

操作方法：将色母与稀释剂充分搅拌均匀。搅拌时，调漆尺可以有意地沿壶壁上刮蹭，使壶壁上的油漆充分地搅拌均匀

操作要点：沿调漆杯的杯壁顺时针方向（或逆时针）轻轻搅拌可减少气泡的产生。应将调漆杯拿到桌面上搅拌，不要放置在电子秤上搅拌，以免压坏或污染电子秤

6. 清洁调漆尺

操作方法：搅拌均匀后立即将调漆尺清洁干净，以便下次使用

7. 安装枪壶

1）安装壶盖，拧紧黑色密封圈。

操作方法：由于壶盖上有自带的过滤网，所以无须过滤。如果没有过滤网，则需要使用油性漆专用的 120μm 网眼尼龙过滤网。然后，将黑色的密封圈固定好，并拧紧

拧紧后检查四周，确认是否已经牢固、封闭，以防油漆漏出。如果未拧紧，油漆会从盖缝中流出，造成油漆浪费或污染工件表面

2)选用1.3mm口径的喷枪。

操作方法：选择口径为1.3mm的喷枪，其特点是雾化精细、雾化区宽度大、喷幅分散，喷涂后颜色均匀、饱满

操作要点：不同型号的喷枪喷涂底色漆时，要想得到良好的效果，必须选择合适的喷枪，并将喷枪各参数调整正确

3)将枪壶安装到喷枪上。

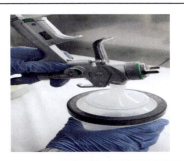

操作方法：右手固定枪壶，左手持喷枪，将螺纹口对准后顺时针方向拧紧

8. 对板件进行粘尘

操作方法：先取出粘尘布，然后展开；粘尘时应先正面后边角，由上至下依次在工件上粘尘，避免二次污染

操作要点：注意擦拭力度，防止在工件表面残留"黏"性物质

9. 双工序银粉漆喷涂

1)调整喷枪出漆量。

操作方法：将涂料流量调节旋钮按顺时针拧紧后退出两圈，然后锁紧锁止旋钮

操作要点：先调出漆量

2）调整扇面。

操作方法：将扇面控制旋钮按顺时针旋紧，然后拧至最大开度，同时观察旋钮转动圈数

操作要点：最后调整气压

3）调整喷涂气压。

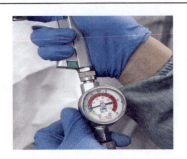

操作方法：按下扳机第一档，使喷枪出气达到全开状态并保持，调节空气流量调节螺母，使压力表示值为2bar

操作要点：保证压力正确，以免影响喷涂效果

4）试喷，检查喷枪喷幅状况。

操作方法：检查喷幅是否正常；喷涂之前，必须在测试纸上进行喷涂，并对面漆喷幅进行观察，确保喷枪雾形及雾化达到最好效果

通常喷枪扇面调整至20cm左右

5）喷涂第1层底色漆（雾喷）。

操作方法：在工件表面薄薄的、均匀地雾喷涂1层，提高新喷涂料与旧漆层的亲和力，喷枪气压为2bar，喷枪幅度全开，出漆量调两圈，喷涂距离为20cm左右。喷涂时，将工件上面有中涂漆的部位、面漆磨穿的部位、颜色与面漆颜色不一致的部位薄薄地喷雾1次。对于底材比较好的工件，如固化较好的旧涂层、整块喷涂过封闭底漆的表面，可以不用喷雾，直接进入下一步

操作要点：喷涂第1层时，适当加快喷枪的移动速度

6）喷涂第 2 道底色漆（湿层）。

操作方法：闪干后可进行第 2 层喷涂。按照先喷涂工件边缘，再喷正面的顺序将工件正常均匀地湿涂一遍

操作要点：首先喷完后要求涂层保证足够的湿润性，但是也不能太厚，因为底色漆里面的溶剂含量较多，涂料太厚容易形成色差及流挂。其次，第 2 遍喷涂完之后，静置待涂膜表面没有光泽之后检查涂膜的遮盖效果。如果没有盖住底材，应该按照第 2 遍的方法再将工件整个喷涂 1~2 遍，直至彻底盖住底层为止

7）双工序银粉底色漆层闪干。

操作要点：在每一次喷涂下一层前，必须留有足够的闪干时间，根据环境温度的不同，一般需要 3~5min。若闪干时间不足则容易产生流挂

对于底色漆，只有当漆面完全达到哑光状态时，才可喷涂下一道油漆

8）调整喷枪（效果层喷涂）。

操作方法：效果层需要采用雾喷的方法进行喷涂。喷涂时，可适当增加喷涂距离，减小喷幅重叠。喷涂效果层前，需要再次调节喷枪各参数

操作要点（以 SATA jet5000B HVLP 1.3 喷枪为例）：

出漆量	喷幅	气压
打开 2 圈	全开	2.5bar

此层喷涂的目的是消除斑纹，所以要保证涂层干燥之后形成颜色、纹理一致的效果，等涂层表面完全失光即完成底色漆的喷涂

10. 6S 整理

1）整理工位，工具、设备复位。

操作方法：工作完毕后及时切断气源并清理现场，将设备、工具归位，恢复原状

2）清洗喷枪。

	操作方法：将喷枪的枪针、风帽、喷嘴拆卸下来，用稀释剂彻底清洗，并用气枪吹干。把需要润滑的零件添加润滑油后，将喷枪重新组装。清洗喷枪时，应当穿好喷漆服、安全鞋，佩戴防护眼镜、防毒面罩、防溶剂手套

项目四 面漆喷涂

任务三
喷涂水性银粉漆

【任务描述】

一辆汽车在行驶过程中被另一辆汽车车头剐蹭到右前门,经过专业的技师对车门进行分析,判断出漆面已经受到损伤,需要进行专业的喷涂修复漆面。经过清洁脱脂、损伤处理、底漆喷涂、原子灰刮涂及打磨、中涂漆喷涂、面漆前处理的车门,其表面已经恢复原来的形状,接下来我们一起进入水性银粉漆喷涂的学习。

【学习目标】

目标名称	目标内容
知识目标	1. 了解水性漆相关知识
	2. 了解水性银粉漆的优点
技能目标	1. 能够掌握水性漆喷涂工艺流程
	2. 能使用喷枪完成水性银粉漆整板喷涂
情感目标	1. 培养学生爱岗敬业的职业道德
	2. 培养良好的工作习惯和安全意识

建议学时:30 学时。

【相关知识】

一、水性漆的概述

水性漆是以去离子水为主要溶剂,挥发性有机化合物(VOC)含量较低的绿色环保产品,面漆在成膜的时候挥发出来的都是水,这样就保证了挥发过程不会给人体带来伤害。水性漆在应用中可以大幅度减少有机溶剂的排放量,减少溶剂用量约 2/3。此外,水性漆还具有漆面流平好、无波纹感、漆面色彩鲜亮、漆面硬度强、抗刮伤性能强、耐候性极佳的优点。因此,水性漆越来越广泛地应用到汽车涂装工艺上,并已成为技术发展的趋势。

二、水性漆的优点

水性漆在环保方面的优点已经得到大众广泛认可,在施工性能方面,水性漆也已经超越溶剂型漆。水性漆产品自 1986 年发明以后,规模较大的汽车涂料厂商的水性漆产品经过不断的开发升级，目前已经完全克服了早期水性漆产品干燥速度慢于溶剂型产品的缺点。以正确的工艺及方法使用水性漆，其干燥速度能够远快于溶剂型漆，正常情况下水性底色漆的喷涂时间（清漆之前的喷涂、闪干总时间）为 5~10min，而同样情况下溶剂型色漆层完成喷涂后需要 10~20min 才能干燥。

水性漆在施工性能方面具有以下优点：

1）颜色遮盖性能更好，水性底色漆较传统溶剂型底色漆平均能节省约 30% 的用量，这样就可以减少施工时间，提高生产率，缩短喷漆维修周期，提高客户满意度。

2）水性底色漆漆膜厚度较溶剂型底色漆薄，流平更好，表面更光滑，配合高质量清漆，表面效果更为清澈透亮、光泽更高。

3）颜色稳定性好，不易受不同的喷涂手法影响，不容易出现修补区域黑圈、发花等缺陷，驳口修补相对于溶剂型色漆更容易操作。

由于喷涂、修补操作更为简单，效率又高，加上水性漆在颜色、涂膜牢度和耐久度上均能达到或超过溶剂型油漆的修补效果，所以水性漆开始得到越来越多的应用。

【技能训练】

一、工具、设备及辅料准备

本项目所需的工具、设备及辅料见表 4-3。

表 4-3 所需的工具、设备及辅料

 防护用品	 免洗枪壶	 水性底色漆
 水性漆喷枪	 对色灯	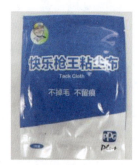 粘尘布

项目四　面漆喷涂

（续）

 喷壶	 吹风筒	 电子秤
 油性除油剂	 水性稀释剂	 水性清洁剂

二、准备工作

1. 将板件移进烤漆房内

操作要点：板件在移动过程中，尽量不要触碰到板件正面，以免产生二次污染

全部板件应挂牢固

2. 正确穿戴安全防护用品

操作方法：佩戴防护眼镜、防毒面罩、防溶剂手套和穿好安全鞋、喷漆服

3. 检查面漆施工材料是否齐全

操作方法：根据喷涂面漆所需耗材进行准备

三、实操训练

1. 安装免洗枪壶内胆

操作要点：这里使用的是 PPG 免洗枪壶，必须装上相配的内胆，否则油漆会从枪壶下的漏洞中流出，污染整个桌面

2. 将枪壶放置在电子秤上

操作方法：将枪壶轻轻放置于电子秤秤台后，按下归零键。确认电子秤准确

操作要点：电子秤必须水平放置，避免高温、振动

3. 将水性底色漆倒入枪壶

操作要点：可根据喷涂的面漆来确定色漆用量，以免造成浪费

此次喷涂以车门为例，在选择合适灰度的中涂漆的前提下，只需要使用 200g 左右的水性底色漆便可达到遮盖要求

项目四 面漆喷涂

4. 按比例加入稀释剂

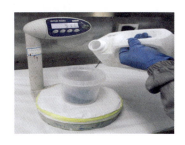

操作要点：水性底色漆有专用配套的稀释剂。稀释剂添加量应按产品使用手册要求，根据环境、湿度等因素酌情加入，详见下表（为重量比）

类型	色漆	稀释剂
双工序纯色漆	1	10
双工序银粉、珍珠漆	1	10%～15%
三工序珍珠漆	1	10%～30%

5. 用调漆尺搅拌底色漆

操作方法：将色母与稀释剂充分搅拌均匀。搅拌时，调漆尺可以有意地沿壶壁上剐蹭，使壶壁上的油漆充分地搅拌均匀

操作要点：沿调漆杯的杯壁顺时针方向（或逆时针）轻轻搅拌可减少气泡的产生。应将调漆杯拿到桌面上搅拌，不要放置在电子秤上搅拌，以免压坏或污染电子秤

6. 清洁调漆尺

操作方法：搅拌均匀后立即将调漆尺清洁干净，以便下次使用

7. 安装枪壶

1）安装壶盖，拧紧黑色密封圈。

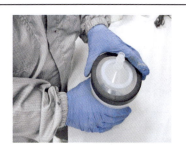

操作方法：由于壶盖上有自带的过滤网，所以无须过滤。如果没有过滤网，则需要使用水性漆专用的125μm网眼尼龙过滤网。将黑色的密封圈固定好，并拧紧

拧紧后检查四周，确认是否已经牢固、封闭，以防油漆漏出。如果未拧紧，油漆会从盖缝中流出，造成油漆浪费或污染工件表面

113

2）选用 1.25~1.3mm 口径的喷枪。

操作方法：选择 SATAjet 5000B HVLP WSP 喷枪，其特点是雾化精细、雾化区宽度大、喷幅分散，喷涂后颜色均匀、饱满

操作要点：不同型号的喷枪喷涂 Aquabase PLUS 水性底色漆时，其喷涂参数的调节有所差异。要想得到良好的效果，必须选择合适的喷枪，并将喷枪各参数调整正确

3）将枪壶安装到喷枪上。

操作方法：左手固定枪壶，右手持喷枪，将螺纹口对准后顺时针方向拧紧

8. 对板件进行粘尘

操作方法：先取出粘尘布，然后展开，粘尘时，应先正面后边角，由上至下依次在工件上粘尘，避免二次污染

操作要点：注意擦拭力度，防止在工件表面残留"黏"性物质

9. 水性底色漆喷涂

（1）喷涂方法　Aquabase PLUS 水性底色漆常规颜色（遮盖力强）喷涂方法见下表（可查阅产品使用手册）。

喷涂方法		纯底色（除黄、红）		珍珠或银粉		
喷涂	层数	双层		双层		单层
	方式	半干	半湿	半干	半湿	雾喷
强制干燥			吹干		吹干	吹干
调枪	出漆量	打开2圈		打开2圈		打开1圈
	扇面	打开3/4		打开3/4		全部打开
	气压/bar	1.3~1.5		1.3~1.5		1.1

项目四 面漆喷涂

（2）喷枪调试

1）调整出漆量。

	操作方法：将涂料流量调节旋钮按顺时针拧紧后退出两圈，然后锁紧锁止旋钮 操作要点：先调出漆量

2）调整扇面。

	操作方法：将扇面控制旋钮按顺时针旋紧，然后拧至最大开度，同时观察旋钮转动圈数，再拧回1/4开度 操作要点：最后调整气压

3）调整喷涂气压。

	操作方法：按下扳机第一档，使喷枪出气达到全开状态并保持，调节空气流量调节螺母，使压力表示值为1.3～1.5bar 操作要点：保证压力正确，以免影响喷涂效果

4）试喷，检查喷枪喷幅状况。

	操作方法：检查喷幅是否正常；喷涂之前必须在测试纸上进行喷涂，并对面漆喷幅进行观察 通常喷枪扇面调整至20cm左右

（3）喷涂第 1 道底色漆（半干层）

操作方法：在工件表面薄薄地预喷 1 层，以提高涂料与原有涂层的亲和力。喷涂时，可先喷涂工件边缘，再喷正面

操作要点：喷涂第 1 道半干层时，需适当加快喷枪的移动速度，增加喷涂距离和减小喷幅的重叠面积，使涂膜达到半哑光的状态即可。第 1 道半干层喷涂完毕后，不需要闪干，直接喷涂第 2 道半湿层

（4）喷涂第 2 道底色漆（半湿层）

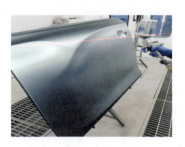

操作方法：半干层喷涂后马上喷涂半湿层。喷涂时，应先喷涂工件边缘，再喷涂工件正面

操作要点：第 2 道半湿层喷涂完毕后涂膜要达到着色和遮盖要求，应带一点湿润但不能全湿，否则影响干燥速度

（5）用吹风筒吹至哑光

操作方法：在使用吹风筒时，应从工件侧上方沿 45°吹向工件，使吹出空气的气流方向与烤漆房的空气流方向尽可能相同。同时，保持吹风筒与工件在 30~80cm 的距离

操作要点：打开吹风筒时的瞬间，吹风筒不要对着门板表面，以防将局部的色漆吹散；也不要对着地面，以防将地面上的灰尘吹到空气中，污染板件，造成面漆缺陷，吹风筒始终保持向下吹风

（6）检查水性底色漆遮盖层（双层）闪干后的效果

操作方法：从多角度观察漆面是否全部都已变成哑光状态

操作要点：对于底色漆，只有当漆面完全达到哑光状态时，才可喷涂下一道油漆

项目四 面漆喷涂

（7）调整喷枪（效果层喷涂）

操作方法：效果层需要采用雾喷的方法进行喷涂。喷涂时，可适当增加喷涂距离，减小喷幅重叠。喷涂效果层前，需要再次调节喷枪各参数

操作要点（以 SATA jet5000B HVLP WSB 喷枪为例）：

出漆量	喷幅	气压
打开 1 圈	全开	1.1～1.2bar

（8）效果层（雾喷）闪干

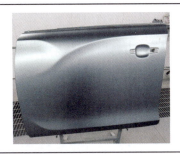

操作方法：虽然效果层喷涂完后是哑光状态，但其部分溶剂存在，必须要吹干，使溶剂挥发后可喷涂清漆

操作要点：色漆不吹干彻底会导致清漆容易出现痱子、失光等缺陷

10. 6S 整理

1）整理工位，工具、设备复位。

操作方法：工作完毕后及时切断气源并清理现场，将设备、工具归位，恢复原状

2）清洗喷枪。

操作方法：将喷枪的枪针、风帽、喷嘴拆卸下来，用水性喷枪清洁剂彻底清洗，并用气枪吹干。把需要润滑的零件添加润滑油后，将喷枪重新组装。清洗喷枪时，应当穿好喷漆服、安全鞋和佩戴防护眼镜、防毒面罩、防溶剂手套。注意，喷涂水性漆后要用专用的水性喷枪清洁剂清洗喷枪

117

任务四 喷涂清漆

【任务描述】

一辆汽车在行驶过程中与另外一辆汽车车身相刮蹭,导致了车门受到不同程度的损伤,经过专业的技师对这两辆车进行车身分析,判断出漆面已经受损伤比较严重,需要进行专业的喷涂修复面漆。经过清洁脱脂、损伤处理、底漆喷涂、原子灰刮涂及打磨、中涂漆喷涂、面漆前处理、色漆喷涂的车门,其表面已经恢复了原来的形状,接下来我们一起进入清漆喷涂的学习。

【学习目标】

目标名称	目标内容
知识目标	1. 掌握清漆喷涂的方法
	2. 了解清漆材料知识
技能目标	1. 能够掌握清漆喷涂工艺流程
	2. 能使用喷枪完成清漆整板喷涂
情感目标	1. 培养学生爱岗敬业的职业道德
	2. 培养良好的工作习惯和安全意识

建议学时:30 学时。

【相关知识】

一、清漆的概述

清漆主要配合底色漆使用,在工艺上它与底色漆是不可分的,一般先喷底色漆,然后喷清漆,清漆为底色漆提供光泽和保护层。底色漆一般是金属闪光漆,漆膜不能过厚(一般为 10~15μm),否则将影响闪光效果。清漆层的厚度一般为 35~45μm,分为自干型和烘干型。原厂涂装清漆一般为高温烤漆,烘烤温度为 120~150℃,时间为 0.5h。自干型清漆一般用于维修行业,它既能在室温下自然干燥,也能低温烘烤,烘烤温度可设定为 50~80℃。

二、清漆的特点

清漆一般有减少紫外线照射的保护功能,只要清漆层完好无损,它可有效延缓色漆的老化。目前原厂采用的清漆材料主要为高温固化的单组分漆:聚氨酯或聚酯,修补漆常用的清漆材料主要为自然固化的双组分丙烯酸酯类。目前单组分的清漆已经几乎没有人使用,所以本任务介绍的是双组分清漆的喷涂。

【技能训练】

一、工具、设备及辅料准备

本项目所需的工具、设备及辅料见表4-4。

表4-4 所需的工具、设备及辅料

防护用品	免洗枪壶	面漆喷枪

固化剂	稀释剂	清漆

除油布	调漆尺	电子秤

二、准备工作

1. 正确穿戴安全防护用品

	操作方法：佩戴防护眼镜、防毒面罩、防溶剂手套和穿好安全鞋、喷漆服

2. 检查喷涂清漆施工材料是否齐全

	操作方法：根据喷涂清漆所需耗材进行准备

三、实操训练

1. 安装免洗枪壶内胆

	操作要点：这里使用的是 PPG 免洗枪壶，必须装上相配的内胆，否则油漆会从枪壶下的漏洞中流出，污染整个桌面

2. 将枪壶放置在电子秤上

	操作方法：将枪壶轻轻放置于电子秤秤台后，按下归零键。确认电子秤准确 操作要点：电子秤必须水平放置，避免高温、振动

3. 根据用量倒入 P190-6850 清漆

	操作方法：倒入清漆之前要先放置新的内胆。枪壶外壳上有刻度，可以根据喷涂的面积来选择倒入所需的清漆量，以免造成浪费 操作要点：以此次喷涂车门为例，只需 350g 左右的清漆便可达到良好的光泽及纹理的要求。若用量过多，涂层过厚，不仅会延长闪干时间，甚至产生流挂，还可能在烘烤过程中产生严重痱子、溶剂泡等缺陷，影响最终效果

项目四　面漆喷涂

4. 按比例加入固化剂

操作要点：按照产品手册，选择对应的固化剂。不同品牌的涂料不可混合使用。具体调配比例见下表（可查阅产品使用手册）

清漆	固化剂	稀释剂
P190-6850	P210-8430	P850-2K
2 份	1 份	0～5%

5. 将清漆与固化剂进行搅拌

操作方法：用调漆尺将固化剂进行搅拌，使之混合均匀

6. 按比例添加稀释剂后再次搅拌混合

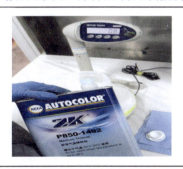

操作方法：根据产品使用说明书选择稀释剂，添加适量的稀释剂。若选用不当，容易产生流挂、桔皮等缺陷

7. 安装枪壶

1）安装壶盖，拧紧黑色密封圈。

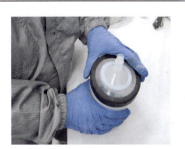

操作方法：由于壶盖上有自带的过滤网，所以无须过滤。将黑色的密封圈固定好，并拧紧

拧紧后检查四周，确认是否已经牢固、封闭，以防油漆漏出。如果未拧紧，油漆会从盖缝中流出，造成油漆浪费或污染工件表面

2）选用 1.3mm 口径的喷枪。

	操作方法：选择口径为 1.3mm 的喷枪，其特点是雾化精细、雾化区宽度大、喷幅分散，喷涂后清漆均匀、饱满 操作要点：不同型号的喷枪喷涂清漆时，其喷涂参数的调节有所差异。要想得到良好的效果，必须选择合适的喷枪，并将喷枪各参数调整正确

3）将枪壶安装到喷枪上。

	操作方法：左手固定枪壶，右手持喷枪，将螺纹口对准后顺时针方向拧紧

8. 调节出漆量

	操作方法：在整板喷涂清漆时，可将出漆量调至最大，即全开。调节时，首先将调节旋钮退出 3～4 圈，然后将扳机按到底并保持，再将调节旋钮往回拧直至针阀拧紧即可 操作要点：出漆量应在涂料装枪前进行调节

9. 调节喷幅

	操作要点：在整板喷涂清漆时，可将扇面调至最大 注意先调喷幅，再调气压

项目四 面漆喷涂

10. 调节喷涂气压

操作要点：在整板喷涂清漆时，可将喷涂气压调至 2.0bar。局部修补喷涂时，应根据个人喷涂习惯适当减小喷涂喷幅、出漆量和喷涂气压

11. 试喷，检查喷枪喷幅状况

操作方法：试喷时，打开枪壶上端通气孔，以免影响喷涂效果

检查喷幅是否正常，通常喷枪扇面调整至 20cm 左右

12. 喷涂清漆

1）喷涂第 1 道清漆（中湿层）。

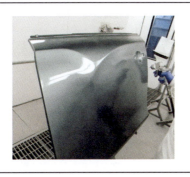

操作方法：使用 P190-6850 清漆喷涂两个单层（中湿层 + 全湿层），清漆总膜厚应达到 50 ~ 60μm。喷涂第 1 遍清漆时，不需要喷涂板件边角，直接喷涂板件正面，这样更节省材料

操作要点：中湿层喷涂后，表面应有湿润感（可通过观察烤漆房内照明灯的倒影来判断，看见比较清晰的灯管影子即可）。如果喷涂过厚，会增加闪干时间，易造成流挂等缺陷；若喷涂过薄，会使涂层显得过干，流平性、光泽度、清晰度较差

2）静置，闪干。

操作方法：在喷涂第 2 道清漆前，必须留有足够的闪干时间，根据环境温度的不同，一般需要 5 ~ 10min；若闪干时间不足，则容易产生流挂

喷涂前，用手指轻轻触摸边缘部位，漆面不拉丝时，即可喷涂下道清漆

123

3）喷涂第 2 道清漆（全湿层）。

操作方法：第 2 道清漆必须喷涂一个全湿层，使整个工件的边缘及正面的涂膜具有良好的光泽和丰满度。若喷涂湿度不足，表面流平性变差，会导致漆面产生严重桔皮

操作要点：喷涂后，整个工件表面应比上一道清漆更湿润，能清晰地看见灯管影子，注意不要喷涂过厚产生流挂

4）检查喷涂后效果。

操作方法：闪干 5min 后，烘烤面漆

操作要点：涂膜厚度应均匀丰满，纹理平整光滑，颜色一致、光泽度高、无流痕、无明显缺陷

13. 6S 整理

1）整理工位，工具、设备复位。

操作方法：工作完毕后及时切断气源并清理现场，将设备、工具归位，恢复原状

2）清洗喷枪。

操作方法：将喷枪的枪针、风帽、喷嘴拆卸下来，用稀释剂彻底清洗，并用气枪吹干。把需要润滑的零件添加润滑油后，将喷枪重新组装。清洗喷枪时，应当穿好喷漆服、安全鞋和佩戴防护眼镜、防毒面罩、防溶剂手套

项目五

漆面抛光

在漆面修补作业中，如果采用了正确的操作方法，桔皮、气泡、流挂等常见的漆面问题大多都可以避免。但是由于补漆作业工序较多，而周围环境温度和湿度会对喷漆造成影响，喷漆后漆面出现问题的概率是很高的。如果喷漆后发现了缺陷要及时补救，常见的漆面缺陷补救方式是打磨和抛光。若漆面缺陷过于严重无法补救，就只能重新喷涂，这样既费时又费力，顾客不会为此买单，还会因不能如期交付而遭到顾客抱怨。

一般汽车漆面修补之后，可能会出现脏点、流挂、鱼眼、桔皮等漆膜表面的细小缺陷，为了弥补这些缺陷，通常在喷涂后干燥时进行打磨、研磨抛光处理，这样可以提高漆膜的镜面效果，达到平滑、光亮、艳丽的要求。

本项目要求学生在完成漆面缺陷打磨、漆面抛光时做到规范穿戴个人防护用品，安全操作；漆面打磨后，平整、不露底，缺陷得到修复，漆面抛光工作规范，漆面抛光后，漆面缺陷得到修复，漆面光泽度一致；操作完毕后，按6S要求整理施工现场（工具、设备复位，工位清洁，废物统一放置在规定的废弃物容器内），互相学习和交流相关专业知识技能方法，做到熟练掌握，灵活运用。

本项目的任务有：

任务一　打磨漆面缺陷

任务二　抛光漆面

任务一
打磨漆面缺陷

【任务描述】

一辆汽车在剐蹭后进行了喷漆处理，但由于喷涂中操作疏忽，导致新喷的漆面局部有轻微的流挂和脏点，经技师鉴定需进行漆面缺陷打磨修复，接下来我们一起进入漆面缺陷打磨的学习。

【学习目标】

目标名称	目标内容
知识目标	1. 掌握漆面缺陷的类型的鉴别方法
	2. 掌握漆面缺陷修复的方法
技能目标	1. 能够描述漆面打磨的步骤和方法
	2. 能够独立完成漆面缺陷处的打磨修复工作
情感目标	1. 培养学生爱岗敬业的职业道德
	2. 培养良好的工作习惯和安全意识

建议学时：30 学时。

【相关知识】

一、漆面缺陷概述

漆面缺陷是指涂料施工成膜后出现的各种缺陷。常见的漆面缺陷有桔皮、发花、脏点（颗粒）、流挂、针孔、鱼眼（缩孔）、咬底、原子灰印。漆面缺陷一般与被涂装车辆的状态、涂装工艺、涂料品种、涂装方法及操作、涂装设备和环境等因素有关。为了预防漆面缺陷，涂装人员必须在涂装操作时考虑上述因素进行避免。

二、常见漆面缺陷分析及解决方法

在涂装作业过程中，由于施工材料、工艺、设备选择不当，或者作业环境不能满足作业要求，会导致涂膜产生缺陷。因此，掌握每种缺陷的形状及原因才能采取恰当的方法做好预防工作，避免涂装修复工作出现缺陷导致返工。对于已经出现的缺陷，则需要掌握合理的修补方法，以保证合格的完工质量。

1）桔皮：迎着光线观察桔皮板件的涂膜表面，包括各种原厂漆、修补漆，可看到涂膜表面有直径 1~3mm 不同大小的纹理，如图 5-1 所示。

项目五 漆面抛光

图 5-1 桔皮

引起漆面桔皮的常见原因如下：底材未打磨平整；涂料黏度高；涂膜过薄；喷枪走速过快，枪距过远；喷涂气压过低，出漆量调节过小。

预防措施如下：按工艺要求打磨至完全平滑；根据涂料产品说明书将涂料调配到合适黏度；喷涂合适道数，保证涂膜达到所需厚度；降低喷枪速度，调节枪距到合适大小；根据产品说明书调到要求的气压，根据工艺调节出漆量到要求大小。

常见解决方法：一般都是打磨、抛光；当桔皮非常严重且涂膜较薄，抛光会抛穿涂膜时，打磨除去桔皮，然后重新喷涂。

2）发花：银粉或珍珠漆表面颜色有差异，深浅不一致，这种缺陷称为发花，通常也称为起云，如图 5-2 所示。

引起银粉或珍珠漆发花的常见原因如下：稀释剂选择不当，喷枪距离近，底色漆喷涂过薄或过厚，导致银粉排列杂乱，每层闪干时间不够。

预防措施如下：根据环境温度选择合适的稀释剂；使用正确的喷涂技巧；合理调配喷枪，并按照合适的喷涂方法喷涂；保证涂膜层间闪干时间（可参照产品说明书）。

图 5-2 发花

常见解决方法：若在喷涂银粉、珍珠底色漆时出现发花现象，应调整存在问题的方面，使用正确的施工方法重新喷涂；若是在喷涂清漆后出现发花，则需要打磨至哑光，重新喷涂底色漆和清漆。

3）脏点：在车身修复作业中，脏点是一种非常常见的缺陷，如图 5-3 所示。需要在涂装作业中对以下产生脏点的原因加以严格控制：

① 操作人员衣物上可能存在灰尘（如打磨产生的粉尘等）或纤维，故需要在喷涂面漆时穿专门的防静电喷漆工作服。

② 涂料中可能存在颜料沉淀形成的颗粒，调漆杯中也可能有杂质，故需要将涂料过滤后再加入喷枪喷涂。

127

③ 烤漆房维护不好，一级滤棉或二级滤棉失效，喷涂时烤漆房进风中就会含有灰尘，导致产生脏点。

④ 车辆或工件进入烤漆房前应该彻底清洁，否则造成脏点的同时也会污染烤漆房过滤系统，增加抛光成本及烤漆房滤棉更换成本。

⑤ 使用报纸贴护或重复使用车衣做贴护。

⑥ 涂膜表面未干燥至不粘尘就移至烤漆房外。

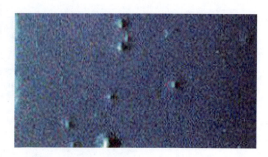

图 5-3　脏点

常见解决方法：涂膜表面的小脏点可以用砂纸打磨去除后抛光处理。如果杂质颗粒较大，深入涂膜内较多，或者是底色漆表面的脏点，只能打磨涂膜至脏点被完全去除后，重新喷涂。

4）流挂：涂料喷涂于工件表面上后，部分涂膜的表面向下流坠，形成上部变薄、下部变厚的缺陷，称为流挂。流挂的形态多种多样，有的呈帘幕状，有的呈条纹状、水柱状或波纹状，如图 5-4 所示。

图 5-4　流挂

引起流挂的常见原因如下：被涂工件温度过低，施工环境温度过低，喷枪距离工件过近，走枪速度过慢，涂料黏度过低，喷涂过厚，层与层之间闪干时间不够。

预防措施如下：不要在低温环境中放置过久的工件上直接喷涂，可以在喷涂前烤漆房升温，等工件温度升高后再进行喷涂；烤漆房升温至 25℃ 喷涂或使用适合于喷涂环境温度的稀释剂；减少喷枪出漆量；增加枪距；增加枪速；根据涂料厂商产品说明书将涂料调配到合适黏度；按照涂料标准工艺要求，喷涂合适道数，保证涂膜厚度合适；层与层之间给予充分闪干时间。

常见解决方法：当发生流挂缺陷时，对于轻微、局部的清漆流挂，可以打磨消除流挂缺陷后进行抛光处理，即可恢复涂膜的光泽和良好的外观效果。如果流挂缺陷比较严重，或者是发生在中涂漆、底色漆上（最后在清漆层上显现出来），就必须彻底打磨掉流挂，再重新涂装面漆。

5）针孔：在涂膜上出现起泡或溶剂泡，并且泡的顶端出现针状小孔，这种缺陷称为针孔。

引起涂膜针孔的常见原因如下：涂料中混入杂质，如溶剂型涂料中混入了水分；被涂物表面有污物；涂装过程中层与层之间闪干时间不充分；连续喷涂过厚，涂装后闪干不充分，烘干时升温过急，表面干燥过快；被涂物的温度高或者气温高，使用的稀释剂不够慢干。

抛光往往不能解决针孔缺陷。针孔可能产生在面漆层，也可能产生在防锈底漆、中涂漆上，当缺陷产生时，必须打磨到针孔所在涂层，将针孔完全打磨去除，这样才能在重新喷涂时不会再次出现针孔。

6）鱼眼（缩孔）。鱼眼是一种类似于火山口状的大小不等的小凹陷状缺陷，如图 5-5 所示，中间往往会露出被涂面。这种缺陷往往在涂装时就会在湿涂膜上产生，产生的主要原因有以下几个：

① 被涂物表面不清洁，有油、蜡、硅酮树脂等异物。
② 压缩空气中有油分、水分。
③ 涂装作业环境不清洁，例如烤漆房附近有车辆做美容，美容蜡质随风进入烤漆房污染漆面。
④ 储存油漆的容器上有异物混入涂料中。

对于在喷涂时出现比较轻微的鱼眼，可以参照涂料厂商产品说明书，在涂料中加入鱼眼防止剂，继续薄喷几道以消除鱼眼。由于多次薄喷、补喷，涂膜的厚度会不均匀，补喷边缘位置桔皮会较重，故漆面干燥后需要对此部位打磨、抛光，以使漆面纹理、亮度、饱满度一致。

对于比较严重的鱼眼或处于色漆层的鱼眼，需要烘干后打磨、重新喷涂。

7）咬底：下层涂膜未完全干燥，当在上面喷涂油漆时，其中溶剂溶解部分下层涂膜，使下层涂膜表面产生隆起和缩皱，这种缺陷称为咬底，如图 5-6 所示。

图 5-5　鱼眼（缩孔）

图 5-6　咬底

引起咬底的常见原因如下：下层涂膜未完全干燥，例如面漆喷完后因为有缺陷重喷时，前一次喷涂的面漆未完全干燥；使用双组分底漆但是未干透，或者固化剂使用量不正确，喷涂面漆后咬底；下层涂膜质量不好或变质；中涂漆或者面漆连续喷涂过厚，或喷涂中涂漆或面漆时层与层之间闪干时间过短，或喷涂时气温过低，造成中涂漆或面漆中所含溶剂向下渗透侵蚀，导致原子灰边缘、单组分填眼灰或中涂漆边缘产生咬底。

预防措施如下：对于未完全干燥的涂膜，需完全烤干后再打磨、喷涂下一层涂料（如表现为粉化、开裂、失光的涂膜，需完全磨除后再喷涂双组分中涂漆、面漆），使用正确的配套固化剂、稀释剂，保证充足的层与层之间闪干时间；使用双组分原子灰、中涂漆；不使用单组分红灰或者单组分底漆。

如果出现咬底，需要打磨除去咬底部位的所有缺陷，如果咬底比较严重，分布面积比较广，则说明产生咬底的涂膜都存在问题，需要完全打磨去除，然后喷涂双组分中涂漆及面漆。

8）原子灰印：喷涂面漆后，原子灰部位沿边缘出现印迹，这种缺陷称为原子灰印，如图 5-7 所示。

原子灰印的产生原因如下：刮涂原子灰之前羽状边处理不合格，原子灰刮涂在了单组分涂料上，例如单组分中涂漆上原子灰使用固化剂比例过多或过少，造成固化不良，容易吸附溶剂而下陷；原子灰未完全干燥即进行下一步骤的施工；或喷涂时气温过低，造成中涂漆或面漆中所含溶剂向下渗透侵蚀原子灰，导致边缘膨胀扩展，原子灰平整度不够，原子灰边缘未达到合格羽状，与周围旧漆或金属相比较高或较低。

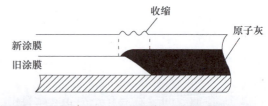

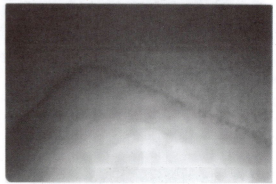

图 5-7　原子灰印

预防措施：刮涂原子灰前，羽状边宽度需达到每层旧涂层宽度 5mm 左右，用手触摸检查时平滑、没有台阶；不将原子灰刮涂在单组分涂料上；按照产品要求添加合适比例的固化剂；确保原子灰完全干燥后再打磨及喷涂中涂漆，使用正确的配套固化剂、稀释剂，保证充足的层与层之间的闪干时间；打磨原子灰时，将边缘部位打磨至合格，打磨原子灰边缘时不再继续打磨原子灰，而是同时扩大打磨周围旧漆，以使原子灰整体与周围形成平整表面。

一旦出现原子灰印，就需要打磨原子灰印部位，然后重新刮涂原子灰并重新喷涂中涂漆、面漆。

从上述中发现，新喷涂形成的漆膜缺陷并不都能通过打磨抛光来修复，严重缺陷只能重新喷涂。

【技能训练】

一、工具、设备及辅料准备

本项目所需的工具、设备及辅料见表 5-1。

项目五 漆面抛光

表 5-1 所需的工具、设备及辅料

防护用品	精磨砂棉	喷壶

水桶	美纹纸	毛巾

打磨机	打磨软垫	遮蔽膜

二、准备工作

1. 正确穿戴安全防护用品

	操作方法：如果抛光前打磨采用干磨，打磨时会产生微细粉尘、颗粒，应佩戴防尘口罩、防护眼镜。如果是水磨，穿好工作服和安全鞋即可

2. 检查漆面打磨材料是否齐全

	操作方法：根据面漆缺陷打磨耗材进行准备

三、实操训练

1. 喷湿缺陷部位

操作方法：用喷壶喷湿需要打磨的部位，也可以用水桶，但水桶比较容易受到污染让砂纸沾染粗的打磨粉尘和小沙粒

操作要点：适量喷湿即可

2. 打磨缺陷部位

操作方法：通常可以使用偏心距小于 3mm 的双动作打磨机配合 P1000 号精磨砂棉、P2000 号精磨砂棉、P4000 号精磨砂棉打磨缺陷，也可以用海绵打磨垫配合 P1200 水磨砂纸打磨缺陷部位，然后用 P1500、P2000 的水磨砂纸打磨。漆面颜色越深，打磨砂纸痕就越明显，故打磨砂纸就要求越细。打磨的力度要在接近结束时慢慢减轻，可以防止在打磨后出现印迹

操作要点：把流痕、脏粒、桔皮打磨平整，使缺陷被打磨去除，但一定要注意不能磨穿涂膜，否则就需要重新喷漆

3. 检查

操作方法：用干净毛巾擦干净打磨表面，观察打磨表面是否平整光滑

操作要点：将桔皮、鱼眼、起泡、脏点、流挂等缺陷消除，无磨穿现象

4. 6S 整理

1）整理打磨设备、工具。

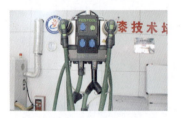

操作方法：整理好打磨软管及气管并归位，关闭干磨起动开关，同时在不使用打磨机的情况下关闭吸尘器主机开关

项目五　漆　面　抛　光

2）整理工作台。

操作要点：将除油剂、砂纸复位到工作台上，对除油剂喷壶、工具、工具车进行清洁、整理，做好场地清洁、打磨机的归位、工具车的归位等工作

任务二 抛光漆面

【任务描述】

一辆汽车在车门被剐蹭后进行了喷漆处理，但由于喷漆后的车门局部出现脏点、轻微的流挂现象，为了让整车的外观看起来更靓丽和统一，需要对车辆进行局部抛光。接下来我们一起进入漆面抛光的学习。

【学习目标】

目标名称	目标内容
知识目标	1. 掌握正确选择抛光剂的方法
	2. 掌握正确选择抛光机转速的方法
技能目标	1. 能够描述漆面抛光的步骤和方法
	2. 能够独立完成漆面抛光工作
情感目标	1. 培养学生爱岗敬业的职业道德
	2. 培养良好的工作习惯和安全意识

建议学时：30学时。

【相关知识】

一、抛光的目的

抛光主要是为了增加漆膜的光泽度与平滑度，消除漆面的颗粒、轻微流痕、桔皮、细微砂纸痕迹、划痕等细小的缺陷。抛光处理既适用于旧漆面翻新，也适用于新喷涂面漆。

1）旧漆面翻新抛光。汽车表面长期受到阳光、风沙、雨雪、温差等不良环境影响，漆面受到的侵蚀程度复杂多样。这些侵蚀只靠简单的水洗无法将其消除，需要进行翻新抛光处理，通过摩擦和抛光的作用来消除涂面的缺陷，使涂面重新变得光滑、靓丽。

2）新喷涂面抛光。新喷涂的漆面可能存在一些缺陷，如流痕、尘粒、桔皮、失光、丰满度差等，以及局部喷涂时飞落于旧涂面的漆尘，新旧漆膜交界处的过渡区域明显，对于这些处于漆面上且不太严重的缺陷，均可通过抛光处理去除。

打蜡与抛光不同，打蜡的目的是蜡质在漆膜表面干燥后会形成一层薄的保护膜，该保护膜可以反射阳光中的紫外线，降低对漆膜的破坏；同时蜡膜有一定的硬度，可减轻划伤漆膜的程度，蜡膜的光泽能提高漆膜的光泽度、丰满度。故打蜡的作用在于保护，而抛光的作用是去除缺陷及补救。

项目五 漆面抛光

新喷漆面应在漆膜完全干燥后进行抛光,双组分涂料应在喷涂后经过60℃烘烤30min(金属表面温度),待漆面温度冷却后,手指压漆面不会产生手指印或自然干燥36h后进行抛光,具体根据所使用的产品说明书确定。

二、抛光设备

1. 抛光机及抛光垫

抛光机是利用抛光垫旋转对涂层表面进行修饰的工具。按照抛光机的动力来分,有电动(图5-8)和气动(图5-9)两种。

图5-8 电动抛光机　　　　　图5-9 气动抛光机

抛光垫用在抛光机上,并与相应的抛光剂配合使用抛光涂料表面。抛光垫可分为粗抛光垫和精抛光垫两种。

粗抛光垫用于清除打磨划痕和调整纹理,摩擦效果大,抛光痕迹明显,通常粗抛光垫与摩擦效果比较大的粗抛光剂配合使用。

精抛光垫摩擦效果小,抛光痕迹不明显,它与摩擦效果较小的精抛光剂配合使用,可以清除粗抛形成的旋涡痕迹,使漆面产生光泽。

抛光垫的材料有纯羊毛、人造纤维和海绵三类。抛光垫的分类见表5-2。

表5-2 抛光垫的分类

名称	图形	名称	图形
粗抛海绵垫		精抛海绵垫	
波浪海绵垫		羊毛抛光垫	

(续)

名　称	图　形	名　称	图　形
硬毡抛光垫		软毡抛光垫	

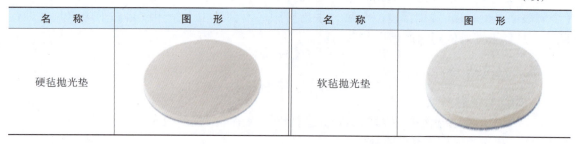

2. 抛光材料

（1）抛光剂　汽车修补涂装用抛光剂由有机溶剂与加有水和油的研磨剂制成，按研磨剂颗粒的大小不同，分为粗粒度、中粒度和细粒度几种；按研磨方式的不同，分为手工研磨用抛光剂和机械研磨用抛光剂；按黏度不同，分为膏状和液体状两种样式。

抛光剂有两种作用，研磨开始时，磨料颗粒起研磨作用，将涂膜表面磨平；到研磨后期，磨料颗粒被粉碎成极细粉末，可起抛光作用。表5-3所示为抛光剂的种类及主要用途。

表5-3　抛光剂的种类及主要用途

抛光剂的种类	主　要　用　途
粗	能够轻松清除1200～1500粒度粗砂划痕，与羊毛抛光垫一起使用易于清洁，不留下旋涡痕迹，适用于所有面漆涂层表面
中	一种设计去除严重化合物旋涡、轻度氧化与轻度砂纸痕迹的侵蚀性、耐久切削平整釉料。不含蜡或硅酮，清洗快速容易，与细海绵盘一起使用
细	与细海绵盘一起使用。它是一种光滑切削平整釉料，用于去除化合物薄雾、轻度划痕以及旋涡痕迹，用于深色涂料效果更好，不含蜡或硅酮，能快速清洗

（2）其他材料　其他还需要使用到的材料包括清洁剂、漆面研磨砂纸、抛光及打蜡用海绵、无纺布、抹布等。

【技能训练】

一、工具、设备及辅料准备

本项目所需的工具、设备及辅料见表5-4。

表5-4　所需的工具、设备及辅料

防护用品	抛光机	电源插排

（续）

 海绵抛光轮	 抛光蜡	 毛巾

二、准备工作

1. 穿戴防护用品

	操作方法：戴好防护眼镜、防尘口罩、棉纱手套，穿好工作服、安全鞋

2. 检查抛光施工材料是否齐全

	操作方法：根据抛光所需耗材进行准备

3. 清洁待抛光表面

	操作方法：用干净毛巾擦拭表面

三、实操训练

1. 涂抹抛光蜡

操作方法：用海绵或擦拭布将抛光蜡均匀涂抹于打磨部位，或者直接涂在抛光轮上面

技术要点：注意涂抹均匀，不要过量

2. 粗抛

操作方法：将配有粗抛光垫的抛光机的转速调至 1000～1500r/min，并轻轻地平放在漆面上。起动抛光机，然后均衡地向下施加一定的压力，按照往复运动的方式慢慢移动进行抛光。重复以上步骤，直至完全消除砂纸磨痕，基本恢复光泽

抛光机在漆面上有规律地沿水平方向来回移动抛光，一次抛光面积不宜过大，长、宽均约为60cm。抛光时要特别注意棱线、棱角及高出平面的造型，这些部位抛光时容易碰到而磨穿漆膜

3. 手工抛光

操作方法：对于工件边沿或不好使用抛光机的部位应该使用手工抛光，即用柔软的擦拭布或抛光海绵蘸上抛光剂之后，手工往复来回摩擦，直至消除打磨痕迹

操作要点：保证压力正确，以免影响抛光效果

4. 精抛

操作方法：用海绵或柔软的擦拭布将细抛光剂均匀涂抹于工件表面。将抛光机转速调至1500～2000r/min，并选择精抛光垫进行抛光，消除粗抛时所形成的抛光痕，以及提高涂层的光泽度。最后，用柔软的擦拭布将整个工件清理干净

操作要点：注意触摸抛光面的温度，由于转速升高，抛光温度过高，有烫手感，容易抛穿。必要时可以在抛光处喷水降温

5. 检查抛光效果

	操作方法：检查漆面是否还存在缺陷。如果还有，继续进行抛光，一直抛至漆面光滑如镜

6. 6S整理

	操作方法：抛光完毕后用毛巾擦拭抛光机直至干净，将产品包装盖盖好归位，使用完毕的工具、工位恢复原状

参考文献

[1] 中国汽车维修行业协会. 车身涂装 [M]. 2版. 北京：人民交通出版社，2014.

[2] 洪云龙，杨秀慧. 汽车涂装理实一体化教材 [M]. 北京：机械工业出版社，2017.

[3] 林旭翔. 车身涂装指南 [M]. 北京：人民交通出版社股份有限公司，2016.

[4] 交通运输部职业资格中心. 汽车车身涂装修复工职业技能鉴定教材 [M]. 北京：人民交通出版社股份有限公司，2017.

汽车车身涂装一体化教程

工作页

专业_____

班级_____

姓名_____

目　　录

项目一　损伤区处理 ·· 1
　　任务一　表面前处理 ··· 1
　　任务二　刮涂及打磨原子灰 ··· 6
项目二　中涂漆喷涂 ·· 11
　　任务一　喷涂中涂漆前遮蔽 ·· 11
　　任务二　喷涂中涂漆 ·· 16
　　任务三　打磨中涂漆 ·· 21
项目三　调色 ··· 26
　　任务一　水性漆调色 ·· 26
　　任务二　水性银粉漆微调 ··· 31
项目四　面漆喷涂 ·· 36
　　任务一　喷涂单工序面漆 ··· 36
　　任务二　喷涂双工序银粉漆 ·· 41
　　任务三　喷涂水性银粉漆 ··· 46
　　任务四　喷涂清漆 ··· 51
项目五　漆面抛光 ·· 57
　　任务一　打磨漆面缺陷 ··· 57
　　任务二　抛光漆面 ··· 62

项目一　损伤区处理

任务一　表面前处理

【信息收集】
一、学习任务是什么？

二、表面前处理需要准备什么工具和材料？

三、为了顺利完成本任务，请按要求完成下列信息的收集。
1. 表面前处理需要佩戴的安全防护有：_____。
2. 去除旧涂层时，首先使用单动作打磨机或偏心距_____的双动作打磨机配合_____，干磨砂纸打磨、去除旧涂层。
3. 打磨羽状边时，使用偏心距_____的双动作打磨机配合_____干磨砂纸打磨。

【制订计划】
一、教师引导学生根据已明确的学习任务，制订表面前处理计划。
1. 写出表面前处理打磨流程。

2. 写出羽状边打磨的注意事项。

二、要完成本任务，你认为哪些事项是必须要遵守的，请在表 1-1 中相应的注意事项处画"√"。

表 1-1 注意事项表

注 意 事 项	选	择
工具整齐摆放、不搁地	□是	□否
表面前处理时做好清洁工作	□是	□否
打磨使用砂纸的顺序	□是	□否
用完的砂纸做好处理	□是	□否
羽状边合格标准检查	□是	□否
工作完成后进行工作现场 6S	□是	□否
其他		

【实施计划】

根据制订的打磨计划完成表面前处理任务，在表 1-2 中记录操作过程中存在的问题，找出解决方法。

表 1-2 记录表

序号	项 目	存 在 问 题	解 决 方 法
1	安全防护用品穿戴		
2	受损部位的评估		
3	板件清洁		
4	砂纸的选用		
5	羽状边的打磨		

【检查与考评】

记录员根据表 1-3 的评分细则对操作人员进行评分，并做好记录。

表 1-3 表面前处理评分表

序号	项目	分值	技术要求/扣分要点	扣分	得分
1	个人安全防护	10	未按工序规范穿着工作服扣 2.5 分		
			未按工序规范戴防护眼镜扣 2.5 分		
			未按工序规范戴防尘口罩扣 2.5 分		
			未按工序规范戴棉纱手套扣 2.5 分		
2	清洁板件	10	1）如果表面有灰尘，用清洁布除尘、吸尘；如吹尘，不扣分 2）喷油性除油剂或者湿布擦湿表面，然后用干布擦干，只擦（喷）湿不擦干，或未脱脂，扣 10 分		

(续)

序号	项目	分值	技术要求/扣分要点	扣分	得分
3	打磨羽状边	75	1）未打磨羽状边或羽状边边缘整体不合格，扣30分；3cm＜不合格长度＜4cm，扣20分 2）羽状边距最近损伤点超过3cm，达到1cm、2cm、3cm，分别扣5分、10分、15分 3）羽状边范围、四周4个区间，1个区间损伤点到羽状边不足3cm扣5分；砂纸使用顺序错误每次扣4分		
4	6S	5	工作环境清洁，设备、工具归位		
分数合计		100			

操作时间：30min　　　　　　　　　　　　　　　　日期：　　　年　　月　　日

【评价反馈】

根据实际学习效果进行自我评价、小组评价、教师评价，评价表见表1-4。

表1-4　评价表

学习内容		学习时间	
任课教师		学生姓名	
自我评价			
1. 会正确使用砂纸吗		会□	不会□
2. 会正确使用打磨工具吗		会□	不会□
3. 会正确打磨羽状边吗		会□	不会□
4. 会正确检查羽状边的合格标准吗		会□	不会□
5. 你认为自己还有哪些知识没有学好？			
6. 通过本任务的学习，你认为还有哪些需要改进的地方？			
小组评价			
1. 工作页完成情况。（　　） 　　A. 填写完整　　B. 缺失0~20%　　C. 缺失20%~40%　　D. 缺失40%以上			
2. 能否主动与组内成员积极沟通并协助其他成员共同完成任务？（　　） 　　A. 积极主动　　B. 不够主动　　C. 不愿协助			
3. 能否主动参与工作现场的清洁和整理工作？（　　） 　　A. 积极主动参与6S工作　　B. 在组长的要求下参与6S工作 　　C. 在组长的要求下参与6S工作，但效果差　　D. 不愿参与6S工作			

4. 总体印象评价。(   )
   A. 非常优秀   B. 比较优秀   C. 有待改进   D. 急需改进
5. 其他建议：

组长签名：   年   月   日

教师评价

教师签名：   年   月   日

【知识巩固】

一、填空题

1. 可以用_____、_____、_____ 3 种方法综合判断板件损伤区域范围及深度。

2. 干磨系统有_____、_____和_____ 3 种常见的类型。

3. 使用中央集尘主机集尘，一般每个中央集尘主机可连接_____个打磨终端。

4. 打磨机根据动力可分为_____，根据形状可分为_____，根据运动模式可分为_____。

5. 双动作打磨机偏心距的大小有很多种，偏心距_____，就越适合于粗磨。

二、判断题

1. 表面预处理质量的好坏将直接影响涂层质量。   (   )
2. 板件脱脂时可以佩戴棉纱手套。   (   )
3. 镀锌钢板在涂装前没必要进行前处理。   (   )
4. 羽状边范围内旧漆不用完全去除。   (   )
5. 旧漆膜的打磨面积要大于刮灰区域，并且要磨出平滑的羽状边。   (   )

三、选择题

1. 下列不符合安全防护要求的是（　　）。
A. 全程戴防护眼镜、工作帽、耳塞和穿工作服、安全鞋
B. 除油、刮涂原子灰时戴活性炭防护口罩和乳胶手套或耐溶剂（厚）手套
C. 清洗原子灰刮刀时戴棉纱手套
D. 打磨时佩戴防尘口罩和棉纱手套

2. 在去除旧涂层时，先用的砂纸型号是（　　）。
A. P80号　　　　　B. P120号　　　　　C. P180号　　　　　D. P240号

3. 除漆并打磨羽状边时，推荐使用打磨机的偏心距为（　　）。
A. 3mm　　　　　B. 5mm　　　　　C. 7mm

4. 旧漆膜打磨的主要目的是（　　）。
A. 提高附着力
B. 清除桔皮纹理和提供更平滑的基底
C. 提高光泽度

5. 打磨修补区周边范围时，从羽状边到周边范围不少于（　　）。
A. 10cm　　　　　B. 15cm　　　　　C. 25cm

任务二　刮涂及打磨原子灰

【信息收集】

一、我们的学习任务是什么？

二、打磨原子灰应选用什么型号的干磨砂纸？

三、为了顺利完成本任务，请按要求完成下列信息的收集。
1. 打磨原子灰需要佩戴的安全防护用品有：_____。
2. 调配环氧底漆的比例是：_____。
3. 施涂打磨指示剂的作用是：_____。

【制订计划】

一、教师引导学生根据已明确的学习任务，制订原子灰刮涂及打磨计划。
1. 写出原子灰刮涂的方法。

2. 写出原子灰打磨的方法。

二、要完成本任务，你认为哪些事项是必须要遵守的，请在表1-5中相应的注意事项处画"√"。

表1-5　注意事项表

注 意 事 项	选	择
工具整齐摆放，不搁地	□是	□否
调配原子灰和固化剂的比例	□是	□否
刮涂原子灰的工序	□是	□否
检查原子灰的干燥度	□是	□否

（续）

注意事项	选择	
打磨工具的使用	□是	□否
工作完成后进行工作现场6S	□是	□否
其他		

【实施计划】

根据制订的原子灰刮涂及打磨任务，在表1-6中记录操作过程中存在的问题，找出解决方法。

表1-6 记录表

序号	项目	存在问题	解决方法
1	安全防护用品穿戴		
2	受损部位的评估		
3	板件清洁		
4	砂纸的选用		
5	羽状边的打磨		

【检查与考评】

记录员根据表1-7的评分细则对操作人员进行评分，并做好记录。

表1-7 原子灰刮涂及打磨评分表

序号	项目	分值	技术要求/扣分要点	扣分	得分
1	个人安全防护	10	未按工序规范穿着工作服扣2.5分		
			未按工序规范佩戴防护眼镜扣2.5分		
			未按工序规范佩戴防尘口罩扣2.5分		
			未按工序规范戴防溶剂手套扣2.5分		
	清洁板件	5	打磨前除油方法不正确扣2分（要求使用两块擦拭布，用一块蘸除油剂擦拭表面，立即用另一块擦干），不除油扣5分		
2	原子灰刮涂	15	1）完全没有使用环氧底漆，扣8分 2）40%以上面积可见金属，扣5分 3）20%左右面积可见金属，包括中间较好，但周边一圈可见金属，扣3分 4）10%左右面积可见金属，包括周边半圈可见金属，扣2分 5）非常细小可见金属，扣1分		
			环氧底漆未完全干燥就刮涂原子灰导致咬底，扣3分		
			1）原子灰四周4个区间，每一个区间刮涂范围超出砂纸打磨范围扣2分（只是刮刀带出的少量残余不计） 2）1个区间未收光扣1分。不足一个区间，按照占比扣分。原子灰中间的刮涂台阶，每条扣1分		

（续）

序号	项目	分值	技术要求/扣分要点	扣分	得分
3	原子灰打磨及整板打磨过程	15	原子灰干燥充分再打磨，粘砂纸（裁判需用手指弹砂纸确认，有结块即扣分），每张砂纸扣 5 分		
			未使用打磨指示层，扣 5 分		
			清洁除油（同上）		
4	原子灰打磨及整板打磨效果	50	1）工件整体清洁不够，残留灰尘、炭粉，扣 10 分，其他根据程度、面积扣分 2）磨穿至金属（原子灰周边裸露金属不扣分，未漏金属之磨穿不扣分）正面最长边每 2cm 扣 1 分，第一折边每 5cm 扣 1 分 3）瑕疵未磨除，包括残留原子灰等，每个点扣 2 分 4）未磨除桔皮，正面、第一折边明显类桔皮，每 1cm（最长边）扣 1 分；不明显类桔皮，每 1cm（最长边）扣 0.5 分；筋线上桔皮按照 1 类桔皮扣分，第一折边外侧不扣分		
5	6S	5	工作环境清洁，设备、工具归位		
	分数合计	100 分			

操作时间：30min　　　　　　　　　　　　　　　　日期：　　年　　月　　日

【评价反馈】

根据实际学习效果进行自我评价、小组评价、教师评价，评价表见表 1-8。

表 1-8　评价表

学习内容		学习时间	
任课教师		学生姓名	
自我评价			
1. 会正确调配原子灰与固化剂的比例吗		会□	不会□
2. 会正确使用打磨工具吗		会□	不会□
3. 会正确选择干磨砂纸吗		会□	不会□
4. 会正确判断原子灰是否已干燥吗		会□	不会□

5. 你认为自己还有哪些知识没有学好？

6. 通过本任务的学习，你认为还有哪些需要改进的地方？

小组评价

1. 工作页完成情况。(   )
   A. 填写完整   B. 缺失 0~20%   C. 缺失 20%~40%   D. 缺失 40% 以上

2. 能否主动与组内成员积极沟通并协助其他成员共同完成学习任务？(   )
   A. 积极主动   B. 不够主动   C. 不愿协助

3. 能否主动参与工作现场的清洁和整理工作？(   )
   A. 积极主动参与 6S 工作   B. 在组长的要求下参与 6S 工作
   C. 在组长的要求下参与 6S 工作，但效果差   D. 不愿参与 6S 工作

4. 总体印象评价。(   )
   A. 非常优秀   B. 比较优秀   C. 有待改进   D. 急需改进

5. 其他建议：

组长签名：　　　　年　月　日

教师评价

教师签名：　　　　年　月　日

【知识巩固】

一、填空题

1. 使用红外线烤灯时，应保持灯头与被烤工件表面平行，灯头与被烤物面距离一般为_____。

2. 对于表面需要刮涂原子灰填平的裸金属部位可采用_____或_____的方法进行施工。

3. 原子灰第 3 道打磨后，应达到平整光滑，_____、_____、_____，外表形状恢复原样等要求。

4. 原子灰的精细打磨可使用_____砂纸配合手刨或打磨机进行。

5. 选用_____手工研磨边角及易磨穿的筋线等区域。

二、判断题
1. 使用新的原子灰和固化剂时，打开后可直接使用。　　　　　　（　　）
2. 打磨原子灰时只能干磨不能水磨。　　　　　　　　　　　　　（　　）
3. 打磨原子灰可采用手工或机械干磨。　　　　　　　　　　　　（　　）
4. 打磨原子灰层主要是为了取得平整、光亮的表面。　　　　　　（　　）
5. 炭粉的作用是显示未打磨区域及砂眼，方便矫正。　　　　　　（　　）

三、选择题
1. 固化剂太少会导致原子灰干燥速度（　　　）。
　　A. 快　　　　　　　B. 慢　　　　　　　C. 一样
2. 砂纸的型号升高，每次不得超过（　　　）。
　　A. P60　　　　　　B. P80　　　　　　C. P100　　　　　　D. P120
3. 原子灰打磨需用到的型号砂纸是（　　　）。
　①P80　②P120　③P180　④P240　⑤P400　⑥P500
　　A. ①②③④　　　　B. ①③④⑤　　　　C. ②③④⑤　　　　D. ②③⑤⑥
4. 砂纸上磨粒的大小用（　　　）表示。
　　A. 英文　　　　　　B. 拉丁文　　　　　C. 阿拉伯数字
5. 海绵垫适用于处理（　　　）。
　　A. 原子灰　　　　　B. 底涂层　　　　　C. 漆面

项目二　中涂漆喷涂

任务一　喷涂中涂漆前遮蔽

【信息收集】

一、我们的学习任务是什么？

二、喷涂中涂漆前遮蔽要准备什么工具、材料？

三、用报纸进行喷涂前遮蔽有哪些缺点？

四、为了顺利完成本任务，请查阅资料完成下列信息的收集。

1. 查阅相关资料，常用的遮蔽胶带有_____、分色胶带、线条喷喷涂胶带、_____、_____。

2. 查阅相关资料，在喷中涂漆后，一般都要对漆面进行烘烤，因此遮蔽纸和遮蔽膜要能耐_____℃高温烘烤。

3. 在车身喷涂中，一般采用的遮蔽方法有_____和_____。

【制订计划】

一、教师引导学生根据已明确的学习任务，制订喷涂中涂漆前遮蔽计划。

1. 列出车身遮蔽时所用的遮蔽材料。

2. 写出遮蔽过程中的注意事项。

3. 写出遮蔽方法。

二、要完成本任务，你认为哪些事项是必须要遵守的，请在表2-1中相应的注意事项处画"√"。

表2-1 注意事项表

注意事项	选	择
工具整齐摆放，不搁地	□是	□否
遮蔽纸要合理裁剪，不能浪费	□是	□否
报纸具有防静电功能，可以用于遮蔽	□是	□否
使用遮蔽纸光滑的表面朝内，以防渗透	□是	□否
使用遮蔽纸可能提高工作效率	□是	□否
工作完成后进行工作现场6S	□是	□否
其他		

【实施计划】

根据制订的喷涂中涂漆前遮蔽任务，在表2-2中记录操作过程中存在的问题，找出解决方法。

表2-2 记录表

序号	项目	存在问题	解决方法
1	遮蔽纸裁剪		
2	窗玻璃遮蔽		
3	车门缝隙遮蔽		
4	边缘过渡遮蔽		
5	遮蔽膜遮蔽		

【检查与考评】

记录员根据表2-3的评分细则对操作人员进行评分，并做好记录。

表2-3 喷涂中涂漆前遮蔽评分表

序号	项目	分值	技术要求/扣分要点	扣分	得分
1	个人安全防护	10	未按工序规范穿着工作服扣5分		
			未按工序规范佩戴防护眼镜扣5分		

（续）

序号	项目	分值	技术要求/扣分要点	扣分	得分
2	遮蔽纸裁剪	10	遮蔽纸裁剪时应该合理，不应有浪费，否则扣10分		
	正向遮蔽	30	选用正向遮蔽方法应该正确、合理，否则扣5~15分		
			遮蔽过程中不应有遮蔽不到位或有遗漏，否则扣15分		
	反向遮蔽	30	选用正向遮蔽方法应正确、合理，否则扣5~15分		
			遮蔽过程中不应有遮蔽不到位或遗漏，边缘过渡应合理，否则扣15分		
	车门缝隙遮蔽	15	缝隙条使用得当，不应有遗漏或过遮盖，否则扣15分		
3	6S	5	工作环境清洁，设备、工具归位		
分数合计		100			

操作时间：30min　　　　　　　　　　　　　　　　日期：　　年　　月　　日

【评价反馈】

根据实际学习效果进行自我评价、小组评价、教师评价，评价表见表2-4。

表2-4　评价表

学习内容		学习时间	
任课教师		学生姓名	

自我评价

1. 会正确选用遮蔽材料吗	会□	不会□
2. 会正确运用正向遮蔽吗	会□	不会□
3. 会正确运用反向遮蔽吗	会□	不会□
4. 会正确遮蔽车门缝隙吗	会□	不会□

5. 你认为自己还有哪些知识没有学好？

6. 通过本任务的学习，你认为还有哪些需要改进的地方？

小组评价

1. 工作页完成情况。（　　　）
　　A. 填写完整　　B. 缺失0~20%　　C. 缺失20%~40%　　D. 缺失40%以上
2. 能否主动与组内成员积极沟通并协助其他成员共同完成学习任务？（　　　）
　　A. 积极主动　　B. 不够主动　　C. 不愿协助

3. 能否主动参与工作现场的清洁和整理工作？（   ）
   A. 积极主动参与 6S 工作　　　　　　B. 在组长的要求下参与 6S 工作
   C. 在组长的要求下参与 6S 工作，但效果差　　D. 不愿参与 6S 工作
4. 总体印象评价。（   ）
   A. 非常优秀　　　B. 比较优秀　　　C. 有待改进　　　D. 急需改进
5. 其他建议：

组长签名：　　　　　年　月　日

教师评价

教师签名：　　　　　年　月　日

【知识巩固】

一、填空题

1. 目前较为先进的遮蔽方法是采用_____、_____、_____ 和各种_____合理配合进行遮蔽。

2. 遮蔽纸的宽度一般不超过_____ cm，因为大部分涂装维修作业都是维修 1～3 个板块。

3. 遮蔽胶带用于将遮蔽纸粘贴于车身表面，必须能耐_____的高温烘烤。

4. 遮蔽膜一般是由_____、_____等材料制成的很薄的薄膜，其宽度比遮蔽纸宽，比较适合于大面积遮蔽。

5. 根据遮蔽位置大小选择合适宽度的_____，一次裁切合适长度的遮蔽纸，可提高_____。

二、判断题

1. 进行反向遮蔽时，应使用软的胶带，不能使用遮蔽膜。　　　　　　（　　）
2. 反向遮蔽法一般是整板喷涂前遮蔽时运用。　　　　　　　　　　　（　　）

3. 遮蔽时，不得将遮蔽纸和胶带粘贴到需要喷漆的表面。（   ）
4. 喷涂前遮蔽可以使用报纸，报纸可防油漆渗透。（   ）
5. 遮蔽纸经过防静电处理，能有效防止灰尘吸附和纸纤维脱落。（   ）
6. 遮蔽膜一般是由聚乙烯、聚丙烯等材料制成的很薄的薄膜。（   ）
7. 遮蔽纸使用时，应做到表面平整，不应形成口袋状起皱，以免喷涂时飞入漆尘，在后面喷涂时吹出而造成漆面污染。（   ）
8. 使用遮蔽纸时应将光滑的涂层朝内，以防止油漆渗透。（   ）
9. 使用裁纸机裁切遮蔽纸时，应先从有胶带的一侧切割，避免裁切过程中胶带与遮蔽纸分离。（   ）
10. 水性遮蔽膜的最大主要优点是可以直接用喷枪喷涂在需要遮蔽的部位上，方便、高效。（   ）

三、选择题
1. 喷漆前遮蔽不需喷涂部位应选择不透漆、无纤维的（   ）。
A. 报纸　　　　B. 农用地膜　　　C. 单面有光竹浆纸　　D. 包装纸
2. 选择遮蔽胶带的标准是不断条、高温低温、（   ）、黏度适中、不开边。
A. 厚度大　　　B. 不残胶　　　　C. 长度长　　　　　　D. 价格最低

任务二　喷涂中涂漆

【信息收集】
一、我们的学习任务是什么？

二、喷中涂漆要准备什么工具、材料？

三、喷中涂漆需穿戴哪些安全防护用品？

四、为了顺利完成本任务，请查阅资料完成下列信息的收集。
1. 查阅产品手册，中涂漆与固化剂、稀释剂的比例是_____。
2. 查阅相关资料，在喷中涂漆时，喷枪口径是_____，喷涂气压是_____，出漆量是_____。
3. 中涂漆喷涂前先用_____清洁，再用_____粘尘。

【制订计划】
一、教师引导学生根据学习任务，制订中涂漆喷涂计划。
1. 写出中涂漆局部修补、喷涂的方法。

2. 写出中涂漆整板喷涂的方法。

3. 写出中涂漆喷涂过程中的注意事项。

二、要完成本任务,你认为哪些事项是必须要遵守的,请在表2-5中相应的注意事项处画"√"。

表2-5 注意事项表

注 意 事 项	选 择	
工具整齐摆放,不搁地	□是	□否
油漆不落地,工具轻拿轻放	□是	□否
喷枪使用后及时清洁、保养	□是	□否
中涂漆调配比例	□是	□否
喷涂过程四要素	□是	□否
喷枪参数的调整	□是	□否
工作完成后进行工作现场6S	□是	□否
其他		

【实施计划】

根据制订的中涂漆喷涂任务,在表2-6中记录操作过程中存在的问题,找出解决方法。

表2-6 记录表

序号	项 目	存 在 问 题	解 决 方 法
1	安全防护用品穿戴		
2	调配底漆		
3	喷枪调整		
4	喷涂方法		
5	喷枪清洗		

【检查与考评】

记录员根据表2-7的评分细则对操作人员进行评分,并做好记录。

表2-7 中涂漆喷涂评分表

序号	项目	分值	技术要求/扣分要点	扣分	得分
1	个人安全防护	10	未按工序规范穿着工作服扣2.5分		
			未按工序规范佩戴防护眼镜扣2.5分		
			未按工序规范佩戴防毒面具扣2.5分		
			未按工序规范戴防溶剂手套扣2.5分		

（续）

序号	项目	分值	技术要求/扣分要点	扣分	得分
2	喷涂前清洁板件	8	未正确清洁板件（要求使用两块擦拭布，用一块喷上除油剂擦拭表面，立即用另一块擦干板件表面）扣4分 未正确使用粘尘布（需充分展开再折叠后粘尘）扣4分		
	防锈	7	对露金属区域未使用环氧底漆或侵蚀底漆扣7分		
	喷枪调试	10	喷枪压力调试错误扣5分 喷枪喷幅调试错误扣5分		
	底漆涂喷	30	1）未合理闪干如果喷涂下一层（整板表面需哑光）扣10分 2）未在限量中涂漆内完成喷涂扣10分 3）喷涂过程中打磨或缺陷补喷扣10分		
	表面缺陷	30	流挂、桔皮、漏喷、咬底（视严重程度扣5~30分），边角或轮眉位置每5cm长为1处，其他位置以5cm×5cm范围为1处		
3	6S	5	工作环境清洁，设备、工具归位		
	分数合计	100			

操作时间：30min　　　　　　　　　　　　　　　日期：　　年　　月　　日

【评价反馈】

根据实际学习效果进行自我评价、小组评价、教师评价，见表2-8。

表2-8　评价表

学习内容		学习时间	
任课教师		学生姓名	
自我评价			
1. 会正确调整喷枪吗		会□	不会□
2. 会正确进行除尘吗		会□	不会□
3. 会正确喷涂防锈底漆吗		会□	不会□
4. 会正确喷涂底漆吗		会□	不会□

5. 你认为自己还有哪些知识没有学好？

6. 通过本任务的学习，你认为还有哪些需要改进的地方？

小组评价

1. 工作页完成情况。(　　)
   A. 填写完整　　B. 缺失 0~20%　　C. 缺失 20%~40%　　D. 缺失 40% 以上

2. 能否主动与组内成员积极沟通并协助其他成员共同完成学习任务？(　　)
   A. 积极主动　　B. 不够主动　　C. 不愿协助

3. 能否主动参与工作现场的清洁和整理工作？(　　)
   A. 积极主动参与 6S 工作　　　　　　　　B. 在组长的要求下参与 6S 工作
   C. 在组长的要求下参与 6S 工作，但效果差　D. 不愿参与 6S 工作

4. 总体印象评价。(　　)
   A. 非常优秀　　B. 比较优秀　　C. 有待改进　　D. 急需改进

5. 其他建议：

组长签名：　　　　年　月　日

教师评价

教师签名：　　　　年　月　日

【知识巩固】

一、填空题

1. 汽车涂装维修常用的喷枪是_____和_____两种。
2. 喷枪主要由_____、_____和_____等组件组成。
3. 一般的喷涂距离为_____。
4. 喷枪一般以_____的速度匀速移动。
5. 实际喷涂涂料时，一般情况下，第 1 遍喷涂时喷枪的重叠为_____，第 2 遍、第 3 遍喷涂时喷枪的重叠为_____。

二、判断题

1. 喷涂双组分中涂漆时可以喷涂到贴护边沿。（　）
2. 喷涂技术与喷枪移动速度、喷涂距离、喷涂路线等有关。（　）
3. 湿喷涂中涂漆时，不必等前一道底漆闪干就可以喷涂后一道中涂漆。（　）
4. 环境温度为30℃时，应选用快干稀释剂。（　）
5. 修补漆产品应用于裸金属表面前，应该先喷涂防腐蚀的底漆。（　）

三、选择题

1. 中涂漆的主要功能是改善被涂工件表面和底涂层的（　　）。
  A. 表面粗糙度　　B. 鲜艳度　　C. 平整度　　D. 黏度
2. 关于中涂漆的特性，下列叙述正确的是（　　）。
  A. 有良好的填充性能
  B. 有高的装饰性
  C. 不一定和面漆配套
3. 中涂漆应要求与底漆、原子灰、面漆（　　）。
  A. 同属单组成分类
  B. 配套良好
  C. 不必配套
4. 硝基类中涂漆在自然条件下的干燥时间为（　　）min。
  A. 20　　B. 30　　C. 40　　D. 60
5. 喷涂中涂漆时，一般选用口径为（　　）的喷枪来喷涂。
  A. 1.3mm　　B. 1.4mm　　C. 1.7mm　　D. 1.9mm

任务三　打磨中涂漆

【信息收集】

一、我们的学习任务是什么?

二、中涂漆打磨需要准备什么工具、材料?

三、中涂漆打磨需穿戴哪些安全防护用品?

四、为了顺利完成本任务，请按要求完成下列信息的收集。

1. 查阅相关资料，在打磨中涂漆时，选用_____号打磨机打磨，选用__号砂纸打磨。

2. 在使用干磨机前，要先将干磨机起动模式开关调至_____，此时干磨机就会根据打磨的需要_____，同时可以自动调配功率的大小，使打磨更便捷、更高效。

3. 在中涂漆打磨前，要在其表面施涂一层_____，可更好打磨和更好地观察底漆的缺陷。

【制订计划】

一、教师引导学生根据学习任务，制订中涂漆打磨计划。

1. 写出中涂漆打磨的方法。

2. 写出中涂漆打磨过程中的注意事项。

二、要完成本任务，你认为哪些事项是必须要遵守的，请在表 2-9 中相应的注意事项处画"√"。

表 2-9　注意事项表

注意事项	选	择
工具整齐摆放，不搁地	□是	□否
工具不落地，工具轻拿轻放	□是	□否
干磨机使用后及时清洁、保养	□是	□否
打磨中涂漆时需加软磨垫	□是	□否
打磨中涂漆前需施涂一层打磨指示剂	□是	□否
使用打磨机前转速需调至最大	□是	□否
工作完成后进行工作现场 6S	□是	□否
其他		

【实施计划】

根据制订的中涂漆打磨任务，在表 2-10 中记录操作过程中存在的问题，找出解决方法。

表 2-10　记录表

序号	项目	存在问题	解决方法
1	安全防护用品穿戴		
2	打磨机使用		
3	干磨砂纸选用		
4	打磨方法		
5	6S		

【检查与考评】

记录员根据表 2-11 的评分细则对操作人员进行评分，并做好记录。

表 2-11　中涂漆打磨评分表

序号	项目	分值	技术要求/扣分要点	扣分	得分
1	个人安全防护	10	未按工序规范穿着工作服扣 2.5 分		
			未按工序规范佩戴防护眼镜扣 2.5 分		
			未按工序规范佩戴防毒面具扣 2.5 分		
			未按工序规范戴棉纱手套扣 2.5 分		

（续）

序号	项目	分值	技术要求/扣分要点	扣分	得分
2	打磨机选用	5	未正确选用打磨工具扣5分		
	砂纸选用	5	未选用正确的砂纸扣5分		
	未使用打磨指示剂	5	未使用打磨指示剂法扣5分		
	打磨效果	60	1）正面打磨不彻底，桔皮未磨去每1cm为1处，每处扣1分 2）正面磨穿至金属，每1cm为1处，每处扣1分 3）第一折边，每1cm为1处，每处扣0.5分		
3	清洁	10	工件正面清洁不够，有明显残留灰尘、炭粉，扣10分，不明显扣5分，外侧扣5分		
4	6S	5	工作设备及工位未复位扣8分		
			废弃物未丢弃至指定位置扣7分		
	分数合计	100			

操作时间：40min　　　　　　　　　　　　　　　日期：　　年　　月　　日

【评价反馈】

根据实际学习效果进行自我评价、小组评价、教师评价，评价表见表2-12。

表2-12　评价表

学习内容		学习时间	
任课教师		学生姓名	
自我评价			
1. 会正确选用干磨砂纸吗		会□	不会□
2. 会正确选用打磨机吗		会□	不会□
3. 会正确打磨中涂漆吗		会□	不会□

4. 你认为自己还有哪些知识没有学好？

5. 通过本任务的学习，你认为还有哪些需要改进的地方？

小组评价	

1. 工作页完成情况。（   ）
   A. 填写完整　　　B. 缺失 0~20%　　　C. 缺失 20%~40%　　　D. 缺失 40% 以上

2. 能否主动与组内成员积极沟通并协助其他成员共同完成学习任务？（   ）
   A. 积极主动　　　B. 不够主动　　　C. 不愿协助

3. 能否主动参与工作现场的清洁和整理工作？（   ）
   A. 积极主动参与 6S 工作　　　　　　B. 在组长的要求下参与 6S 工作
   C. 在组长的要求下参与 6S 工作，但效果差　　D. 不愿参与 6S 工作

4. 总体印象评价。（   ）
   A. 非常优秀　　　B. 比较优秀　　　C. 有待改进　　　D. 急需改进

5. 其他建议：

组长签名：　　　年　月　日

教师评价

教师签名：　　　年　月　日

【知识巩固】

一、填空题

1. 对于边角、筋线等部位可使用_____布或_____进行打磨。

2. 中涂漆表面比较平整光滑，可直接使用_____砂纸打磨。

3. 打磨后的中涂漆表面应_____，无_____、_____、_____、_____、_____等缺陷。

4. 若面漆为油性漆，直接使用油性除油剂 P850-14/1402 进行除油清洁即可；若面漆为水性漆，则先使用_____再用_____清洁。

5. 若将中涂漆磨穿至裸露金属时，必须在裸金属表面喷涂_____或

_____，以提高金属的耐蚀性，增加面涂层的附着力。

二、判断题

1. 施涂打磨指示剂的目的是找出肉眼难以发现的涂层缺陷。（   ）
2. 中涂漆选用 7 号磨头来打磨。（   ）
3. 中涂漆打磨全部采用机磨，不需要用手工打磨。（   ）
4. 中涂漆打磨前必须确定底漆干透。（   ）
5. 中涂漆打磨不需要戴耳塞。（   ）

三、单选题

1. 打磨中涂漆时不需要佩戴的保护用品是_____。
   A. 棉纱手套　　　B. 安全鞋　　　C. 工作服　　　D. 防毒面具
2. 打磨单工序中涂漆时至少要用到的干磨砂纸是_____。
   A. P320　　　　　B. P400　　　　C. P600　　　　D. P800
3. 打磨双工序中涂漆时至少要用到的干磨砂纸是_____。
   A. P320　　　　　B. P400　　　　C. P500　　　　D. P800
4. 打磨中涂漆时选用的磨头是_____。
   A. 3 号　　　　　B. 5 号　　　　C. 7 号　　　　D. 9 号
5. 旧漆膜打磨的主要目的是（　　）。
   A. 提高附着力
   B. 清除桔皮纹理和提供更平滑的基底
   C. 提高光泽度

项目三 调 色

任务一 水性漆调色

【信息收集】
一、我们的学习任务是什么？

二、调色要准备什么设备？

三、为了顺利完成本任务，请按要求完成下列信息的收集。
1. 有几种方法可以查找出一个车漆颜色的配方？哪种方法最好？

2. 水性漆保温柜使用注意事项有哪些？

【制订计划】
一、教师引导学生根据水性漆调色的学习任务制订计划。
1. 写出调色流程。

2. 写出与车身颜色比对时的注意事项。

二、要完成本任务，你认为哪些事项是必须要遵守的，请在表 3-1 中相应的注意事项处画"√"。

表 3-1　注意事项表

注意事项	选	择
工具整齐摆放，不搁地	□是	□否
油漆不落地，工具轻拿轻放	□是	□否
喷枪、吹风筒使用后要清洁、保养	□是	□否
喷涂过程四要素	□是	□否
喷枪参数的调整	□是	□否
工作完成后进行工作现场 6S	□是	□否
其他		

【实施计划】

根据制订的水性漆调色任务，在表 3-2 中记录操作过程中存在的问题，找出解决方法。

表 3-2　记录表

序号	项　目	存 在 问 题	解 决 方 法
1	安全防护用品穿戴		
2	调色软件的使用		
3	色卡的使用		
4	调色灯箱的使用		
5	喷涂方法		

【检查与考评】

记录员根据表 3-3 的评分细则对操作人员进行评分，并做好记录。

表 3-3　水性漆调色评分表

序号	项目	分值	技术要求/扣分要点	扣分	得分
1	个人安全防护	10	未按工序规范穿着工作服（含工作帽）扣 2.5 分		
			未按工序规范佩戴防护眼镜扣 2.5 分		
			未按工序规范佩戴防毒面具扣 2.5 分		
			未按工序规范佩戴防溶剂手套扣 2.5 分		

(续)

序号	项目	分值	技术要求/扣分要点	扣分	得分
2	计量调色正确	10	使用电子秤前未归零扣2分		
			色母添加未按要求记录扣2分		
			调色过程中色漆未充分搅拌扣2分		
			电子秤使用结束未关闭扣2分		
			浆盖未清洁扣2分		
	调配工艺	9	根据配方,添加油漆,要求合理添加色母,添加方法不对,扣3分		
			对色,找出最接近的色卡,找错色卡扣3分		
			工具掉落,油漆、辅料洒落,扣3分		
	喷涂过程	15	1)在喷涂下一道色漆前,观察漆面(色漆-哑光)以判断闪干情况;喷涂过程中无打磨、补喷操作		
			2)色漆喷涂下一道前未观察,且记录员发现色漆未闪干,每次扣5分,调整雾喷层之前闪干不评分		
			3)自身原因造成喷涂过程中打磨、补喷,每次扣5分,扣完为止		
	色差	50	以色差来评判,能达到交车的不扣分,基本能交车的扣25分,完全不能交车的扣40分		
3	6S	6	工作环境清洁,工具清洁,设备归位,废料统一收纳,否则扣6分		
	分数合计	100			

操作时间:50min　　　　　　　　　　　　　　　　日期:　　年　　月　　日

【评价反馈】

根据实际学习效果进行自我评价、小组评价、教师评价,评价表见表3-4。

表3-4　评价表

学习内容		学习时间	
任课教师		学生姓名	
自我评价			
1. 会正确使用调色软件吗		会□	不会□
2. 会正确使用色母挂图吗		会□	不会□
3. 会正确使用色卡吗		会□	不会□
4. 会正确查找色母吗		会□	不会□

5. 你认为自己还有哪些知识没有学好?

6. 通过本任务的学习,你认为还有哪些需要改进的地方?

小组评价

1. 工作页完成情况。（　　）
   A. 填写完整　　B. 缺失 0～20%　　C. 缺失 20%～40%　　D. 缺失 40% 以上

2. 能否主动与组内成员积极沟通并协助其他成员共同完成学习任务？（　　）
   A. 积极主动　　B. 不够主动　　C. 不愿协助

3. 能否主动参与工作现场的清洁和整理工作？（　　）
   A. 积极主动参与 6S 工作　　　　　　B. 在组长的要求下参与 6S 工作
   C. 在组长的要求下参与 6S 工作，但效果差　　D. 不愿参与 6S 工作

4. 总体印象评价。（　　）
   A. 非常优秀　　B. 比较优秀　　C. 有待改进　　D. 急需改进

5. 其他建议：

组长签名：　　　年　月　日

教师评价

教师签名：　　　年　月　日

【知识巩固】

一、填空题

1. 水性漆保温柜温度通常设定为_____℃左右。
2. 色彩三属性是_____。
3. 人们要感受到颜色，必须具备 3 个要素：_____。
4. 水性漆用吹风枪一般有两种形式，一种为_____，另一种为_____。
5. 在使用吹风枪时，应从工件表面侧上方沿_____吹被涂物表面。

二、判断题

1. 调配颜色时，任何光源都可以进行。　　　　　　　　　　　　　（　　）
2. 不同的物体呈现不同颜色是因为对不同的光波的反射率不同。　　（　　）

3. 色母上架后保持期一般不超过1年，若时间太长会导致质量下降，影响调色精确度。   (   )

4. 如果调色工没有正确地搅拌色母，喷漆工修补时会产生明显的颜色差异。
                                                                          (   )

5. 存在微小色差时，需正确判断哪些是不得不微调的，哪些是可以利用喷涂方式解决的。   (   )

三、选择题

1. 称为原色的最基本颜色的3种是（   ）。
 A. 红、白、蓝   B. 红、黄、白   C. 红、黄、蓝

2. 为了确保颜色配方的正确，配制时应测量色母的（   ）。
 A. 体积   B. 黏度   C. 重量

3. 可见光是指能引起人的视觉的电磁辐射，它的波长范围为（   ）。
 A. 400～700nm   B. 280～400nm   C. 760～860nm

4. 检查颜色的最佳光源是（   ）。
 A. 白炽灯   B. 自然日光   C. 钠光灯

5. 调漆人员鉴定颜色最准确的方法是用（   ）。
 A. 计算机   B. 颜色分析仪   C. 眼睛

任务二　水性银粉漆微调

【信息收集】

一、我们的学习任务是什么？

二、微调水性银粉漆要准备什么工具、材料？

三、为了顺利完成本任务，请按要求完成下列信息的收集。

1. 查阅产品手册，水性纯色漆与稀释剂的比例是_____，水性银粉漆与稀释剂的比例是_____。

2. 喷枪口径是_____，喷涂气压是_____，喷涂效果层气压是_____。

3. 喷涂前先用_____清洁，再用_____清洁。

4. 喷涂过程中用_____吹干。

【制订计划】

一、教师引导学生根据已明确的学习任务，制订水性漆微调计划。

1. 写出水性漆喷涂方法。

2. 写出喷涂过程中的注意事项。

3. 查阅教材或产品手册，找到技术标准并记录。

二、要完成本任务，你认为哪些事项是必须要遵守的，请在表 3-5 中相应的注意事项处画"√"。

表 3-5　注意事项表

注 意 事 项	选	择
工具整齐摆放，不搁地	□是	□否
油漆不落地，工具轻拿轻放	□是	□否
喷枪、吹风筒使用后要清洁、保养	□是	□否
喷涂过程四要素	□是	□否
喷枪参数的调整	□是	□否
工作完成后进行工作现场 6S	□是	□否
其他		

【实施计划】

根据制订的水性银粉漆微调任务，在表 3-6 中记录操作过程中存在的问题，找出解决方法。

表 3-6　记录表

序号	项　　目	存 在 问 题	解 决 方 法
1	安全防护用品穿戴		
2	调配色漆		
3	色差分析		
4	喷涂方法		
5	吹风筒使用		
6	色母添加		

【检查与考评】

记录员根据表 3-7 的评分细则对操作人员进行评分，并做好记录。

表 3-7　水性银粉漆微调评分表

序号	步骤	分值	技术要求/扣分原则	扣分	得分
1	安全防护	5	戴防护眼镜、防毒面具、耳塞、防溶剂手套和穿安全鞋、工作服，如整个操作过程中有一项防护用品佩戴错误或未戴，不得分；短时间摘除防护眼镜检查工件或擦干净眼镜不扣分		
2	粘尘及除油方法	15	1）喷涂前对工件进行粘尘，粘尘布使用方法正确，将粘尘布充分展开再折叠后，对喷涂区域进行粘尘不扣分 2）喷涂前未对工件粘尘扣 10 分；粘尘布使用方法错误，直接用拆封粘尘布对喷涂区域进行粘尘扣 5 分（未做充分展开动作） 3）只用湿布，或未除油扣 5 分；擦湿后，没有做擦干动作前除油剂已经挥发干燥（擦湿程度不够，表面未湿润）扣 5 分；擦湿程度没有问题，但擦干不够规范，未全擦干扣 2 分		

(续)

序号	步骤	分值	技术要求/扣分原则	扣分	得分
3	计量调色正确	10	1) 使用电子秤前未归零扣 2 分 2) 色母添加顺序不正确，未按质量从大到小添加扣 2 分 3) 调色过程中色漆未充分搅拌扣 2 分 4) 调漆设备使用结束未关闭扣 2 分 5) 浆盖未清洁扣 2 分		
4	正确使用喷涂试板的涂法	15	1) 先对喷涂板件进行除油，否则扣 3 分 2) 采用正确的喷涂方法避免银粉过厚或过薄，否则扣 3 分 3) 水性漆吹风枪使用方法不正确扣 3 分 4) 试板喷涂覆盖不均匀、露底扣 3 分 5) 喷涂水性漆手法错误扣 3 分		
5	调色效果	50	色差最小者不扣分，色差最大者扣 40 分		
6	6S	5	工作环境清洁，工具清洁，设备归位，废料统一收纳，否则扣 5 分		
	分数合计	100			

操作时间：50min　　　　　　　　　　　　　　　　　　　日期：　　年　　月　　日

【评价反馈】

根据实际学习效果进行自我评价、小组评价、教师评价，评价表见表 3-8。

表 3-8　评价表

学习内容		学习时间	
任课教师		学生姓名	
自我评价			
1. 会正确调整喷枪吗		会□	不会□
2. 会正确使用喷枪吗		会□	不会□
3. 会正确使用吹风筒吗		会□	不会□
4. 会正确喷涂水性漆吗		会□	不会□

5. 你认为自己还有哪些知识没有学好？

6. 通过本任务的学习，你认为还有哪些需要改进的地方？

小组评价

1. 工作页完成情况。（   ）
   A. 填写完整　　　　B. 缺失 0～20%　　　C. 缺失 20%～40%　　　D. 缺失 40% 以上
2. 能否主动与组内成员积极沟通并协助其他成员共同完成学习任务？（   ）
   A. 积极主动　　　　B. 不够主动　　　　C. 不愿协助
3. 能否主动参与工作现场的清洁和整理工作？（   ）
   A. 积极主动参与 6S 工作　　　　　　　B. 在组长的要求下参与 6S 工作
   C. 在组长的要求下参与 6S 工作，但效果差　　D. 不愿参与 6S 工作
4. 总体印象评价。（   ）
   A. 非常优秀　　　　B. 比较优秀　　　　C. 有待改进　　　　D. 急需改进
5. 其他建议：

小组长签名：　　　年　月　日

教师评价

教师签名：　　　年　月　日

【知识巩固】

一、填空题

1. 在充足的_____或_____下对色，室内人造光源下对色会产生误差。
2. 标准板表面处理：进行_____、_____（呈现原来的面貌）。
3. 确定需要添加的色母：添加或减少用量，一般不超过原色母量的_____%。
4. 不同批次新车颜色有一定_____。
5. 以第一印象为准，盯得时间越_____，越_____判断。

二、判断题

1. 调配金属漆时，可以不喷涂试板。　　　　　　　　　　　　　　　（　　）
2. 检查颜色时以第一印象为准。　　　　　　　　　　　　　　　　　（　　）
3. 配色灯箱中配备了 3 个光源，其中最常用的是 D65 光源。　　　　（　　）

4. 微调时尽量不要使用原配方以外的色母。（   ）
5. 清漆厚薄对最后的颜色不会产生影响。（   ）

三、选择题

1. 银粉色母的基质是（   ）。
   A. 铜粉　　　　　B. 铝粉　　　　　C. 锌粉
2. 必须在阴天、晚上或光线不足的车间内调配颜色时，需要使用（   ）。
   A. 电子秤　　　　B. 调色架　　　　C. 色卡　　　　　D. 灯箱
3. 检查颜色的最佳光源是（   ）。
   A. 白炽灯　　　　B. 自然日光　　　C. 钠光灯
4. 调色架又称为调色机、调漆机、（   ）。
   A. 色母搅拌架　　B. 颜色搅拌架　　C. 颜料搅拌架
5. 电子秤要避免在工作中受振动而影响（   ）。
   A. 安全　　　　　B. 使用　　　　　C. 精度

项目四　面漆喷涂

任务一　喷涂单工序面漆

【信息收集】

一、我们的工作（学习）任务是什么？

二、喷涂单工序面漆要准备什么工具、材料？

三、单组分涂料和双组分涂料在使用上有何不同？

四、色漆与固化剂、稀释剂的配比是多少？

【制订计划】

一、教师引导学生根据已明确的学习任务制订单工序面漆喷涂计划。

1. 写出单工序面漆喷涂方法。

2. 写出喷涂过程中的注意事项。

3. 查阅教材或产品手册，找到技术标准并记录。

二、要完成本任务，你认为哪些事项是必须要遵守的，请在表4-1中相应的注意事项处画"√"。

表4-1 注意事项表

注 意 事 项	选	择
工具整齐摆放，不搁地	□是	□否
油漆不落地，工具轻拿轻放	□是	□否
纯色漆调配比例	□是	□否
喷涂过程四要素	□是	□否
喷枪参数的调整	□是	□否
工作完成后进行工作现场6S	□是	□否
其他		

【实施计划】

根据制订的单工序面漆喷涂任务，在表4-2中记录操作过程中存在的问题，找出解决方法。

表4-2 记录表

序号	项 目	存 在 问 题	解 决 方 法
1	安全防护用品穿戴		
2	调配色漆		
3	喷枪调整		
4	喷涂方法		
5	喷枪清洗		

【检查与考评】

记录员根据表4-3的评分细则对操作人员进行评分，并做好记录。

表4-3 单工序面漆喷涂评分表

序号	项 目	分值	技术要求/扣分要点	扣分	得分
1	个人安全防护	10	未按工序规范穿着工作服扣2.5分		
			未按工序规范戴防护眼镜扣2.5分		
			未按工序规范戴防毒面具扣2.5分		
			未按工序规范戴耐溶剂手套扣2.5分		

(续)

序号	项　目	分值	技术要求/扣分要点	扣分	得分
2	喷涂前清洁板件	8	喷涂前应正确清洁板件（要求使用两块擦拭布，用一块喷上除油剂擦拭表面，立即用另一块擦干板件表面），否则扣8分		
	喷枪调试	8	喷枪压力调试错误扣4分		
			喷枪喷幅调试错误扣4分		
	单工序面漆涂喷	24	正确规范地喷涂色漆： 1）第1层干喷（50%～70%遮盖，半透明） 2）第2层湿喷（100%遮盖） 3）第3层效果层（喷枪距离板件20～25cm） 不按要求操作，每项扣7分		
	表面缺陷	45	流挂，视流挂严重程度扣5～10分		
			颜色效果，视面积颜色不一致程度扣5～10分		
			露底，视露底面积大小扣5～10分		
3	6S	5	工作环境清洁，设备、工具归位，否则扣5分		
	分数合计	100			

操作时间：30min　　　　　　　　　　　　　　日期：　　年　　月　　日

【评价反馈】

根据实际学习效果进行自我评价、小组评价、教师评价，评价表见表4-4。

表4-4　评价表

学习内容		学习时间	
任课教师		学生姓名	
自我评价			
1. 会正确调整喷枪吗		会□	不会□
2. 会正确使用喷枪吗		会□	不会□
3. 会正确喷涂单工序面漆吗		会□	不会□

4. 你认为自己还有哪些知识没有学好？

5. 通过本任务的学习，你认为还有哪些需要改进的地方？

小组评价

1. 工作页完成情况。（   ）
   A. 填写完整　　　　B. 缺失 0～20%　　　　C. 缺失 20%～40%　　　　D. 缺失 40% 以上

2. 能否主动与组内成员积极沟通并协助其他成员共同完成学习任务？（   ）
   A. 积极主动　　　　B. 不够主动　　　　C. 不愿协助

3. 能否主动参与工作现场的清洁和整理工作？（   ）
   A. 积极主动参与 6S 工作　　　　　　　　B. 在组长的要求下参与 6S 工作
   C. 在组长的要求下参与 6S 工作，但效果差　　D. 不愿参与 6S 工作

4. 总体印象评价。（   ）
   A. 非常优秀　　　　B. 比较优秀　　　　C. 有待改进　　　　D. 急需改进

5. 其他建议：

小组长签名：　　　　年　月　日

教师评价

教师签名：　　　　年　月　日

【知识巩固】

一、填空题

1. 采用单工序做法的面漆一般是_____。
2. 如果没有过滤网，则需要使用油性漆专用的_____网眼尼龙过滤网。
3. 一般选择口径为_____的面漆喷枪。
4. 通常喷枪扇面调整至_____左右。
5. 调节空气流量调节螺母，使压力表示值为_____。

二、判断题

1. 面漆是涂于最外层的漆膜。　　　　　　　　　　　　　　　　　　（　　）
2. 面漆的分类有很多种，根据颜色效果可以分为纯色漆、金属漆、珍珠漆。
　　　　　　　　　　　　　　　　　　　　　　　　　　　　　　　（　　）
3. 对工件进行脱脂时，先用干布再用湿布擦拭。　　　　　　　　　（　　）

4. 固化剂有慢干、标准、快干等多种类型，而稀释剂只有标准这一类型。
（　　）

5. 面漆喷涂后，必须烘烤，否则无法硬化。（　　）

三、选择题

1. 除去遮蔽材料，应选择的时机是（　　）。
A. 漆膜完全硬化后
B. 面漆喷涂刚完成
C. 漆膜有一定的硬化，但未完全硬化时

2. 单工序面漆喷涂是指（　　）。
A. 喷涂一种涂料形成完整的面涂层
B. 喷涂两种涂料形成完整的面涂层
C. 不需要喷中涂漆

3. 纯色漆通常采用（　　）。
A. 单工序　　　　B. 双工序　　　　C. 三工序

4. 调配好的漆料装入枪壶前（　　）。
A. 无须过滤　　　B. 应过滤　　　　C. 随意

5. 调试喷枪时，最后调节的是（　　）。
A. 喷幅（扇面）　B. 喷涂气压　　　C. 出漆量

任务二　喷涂双工序银粉漆

【信息收集】

一、我们的学习任务是什么？

二、喷涂双工序银粉漆要准备什么工具、材料？

三、为了顺利完成本任务，请按要求完成下列信息的收集。
1. 查阅产品手册，双工序银粉漆与稀释剂的比例是_____。
2. 喷枪口径是_____，喷涂气压是_____，喷涂效果层气压是_____。

【制订计划】

一、教师引导学生根据已明确的学习任务制订双工序银粉漆喷涂计划。
1. 写出双工序银粉漆的喷涂方法。

2. 写出喷涂过程中的注意事项。

3. 查阅教材或产品手册，找到技术标准并记录。

二、要完成本任务，你认为哪些事项是必须要遵守的，请在表4-5中相应的注意事项处画"√"。

表4-5 注意事项表

注 意 事 项	选	择
工具整齐摆放，不搁地	□是	□否
油漆不落地，工具轻拿轻放	□是	□否
银粉漆调配比例	□是	□否
喷涂过程四要素	□是	□否
喷枪参数的调整	□是	□否
工作完成后进行工作现场6S	□是	□否
其他		

【实施计划】

根据制订的双工序银粉漆喷涂任务，在表4-6中记录操作过程中存在的问题，找出解决方法。

表4-6 记录表

序号	项 目	存 在 问 题	解 决 方 法
1	安全防护用品穿戴		
2	调配色漆		
3	喷枪调整		
4	喷涂方法		
5	喷枪清洗		

【检查与考评】

记录员根据表4-7的评分细则对操作人员进行评分，并做好记录。

表4-7 双工序银粉漆喷涂评分表

序号	项 目	分值	技术要求/扣分要点	扣分	得分
1	安全防护	5	戴防护眼镜、防毒面具、耳塞、防溶剂手套和穿安全鞋、工作服。如整个操作过程中有1项防护用品佩戴错误或未佩戴，不得分；短时间摘除眼镜检查工件或擦干净眼镜不扣分		
2	粘尘	15	1）喷涂前对工件进行了粘尘，粘尘布使用方法正确，将粘尘布充分展开再折叠后，对喷涂区域进行粘尘扣5分 2）喷涂前未对工件粘尘扣15分；粘尘布使用方法错误，直接用拆封粘尘布对喷涂区域进行粘尘扣5分（未做充分展开动作）		

（续）

序号	项　目	分值	技术要求/扣分要点	扣分	得分
3	喷涂过程	15	1）在喷涂下一道色漆前，观察漆面（色漆-哑光）以判断闪干情况；喷涂过程中无打磨、补喷操作 2）色漆喷涂下一道前未观察，且记录员发现色漆未闪干，每次扣5分，调整雾喷层之前闪干不评分 3）自身原因造成喷涂过程中打磨、补喷，每次扣5分，扣完为止		
4	底色漆露底、起花（起云）、流挂	60	区分明显或不明显（主观评分，明显类：45°、90°、135°这3个角度观察，有两个或以上角度明显可见），明显类，露底（漏喷）、起云、流挂面积每5cm×5cm之内每处，或长度5cm之内每处扣5分，大于5cm×5cm或5cm时按面积或长度倍数扣分；不明显类（某一个特定角度可见，较不明显，可交车），面积每5cm×5cm之内每处扣3分，扣完为止，大于5cm×5cm或5cm时按面积或长度倍数扣分		
5	6S	5	1）产品包装盖盖好 2）工具、工作台恢复原状 3）废弃物分类丢弃 不按要求操作扣5分		
	分数合计	100			

操作时间：30min　　　　　　　　　　　　　　　　　日期：　　　年　　月　　日

【评价反馈】

根据实际学习效果进行自我评价、小组评价、教师评价，评价表见表4-8。

表4-8　评价表

学习内容		学习时间	
任课教师		学生姓名	
自我评价			
1. 会正确调整喷枪吗		会□	不会□
2. 会正确使用喷枪吗		会□	不会□
3. 会正确喷涂银粉漆吗		会□	不会□

4. 你认为自己还有哪些知识没有学好？

5. 通过本任务的学习，你认为还有哪些需要改进的地方？

小组评价

1. 工作页完成情况。（   ）
   A. 填写完整　　　　B. 缺失 0~20%　　　C. 缺失 20%~40%　　　D. 缺失 40% 以上

2. 能否主动与组内成员积极沟通并协助其他成员共同完成学习任务？（   ）
   A. 积极主动　　　　B. 不够主动　　　　C. 不愿协助

3. 能否主动参与工作现场的清洁和整理工作？（   ）
   A. 积极主动参与 6S 工作　　　　　　B. 在组长的要求下参与 6S 工作
   C. 在组长的要求下参与 6S 工作，但效果差　　D. 不愿参与 6S 工作

4. 总体印象评价。（   ）
   A. 非常优秀　　　　B. 比较优秀　　　　C. 有待改进　　　　D. 急需改进

5. 其他建议：

小组长签名：　　　年　月　日

教师评价

教师签名：　　　年　月　日

【知识巩固】

一、填空题

1. 银粉色母中实际上是_____。
2. 通常来说，同一类型的银粉，颗粒越_____，正视越_____，侧视越_____。
3. 按银粉颗粒亮度一般可以把银粉分成_____、_____和_____ 3 类。
4. 在亮银和闪银中使用的银粉颗粒越小，正面、侧面越_____，越_____。
5. 颗粒大小相近时，侧视颗粒椭圆形的银粉会比颗粒形状不规则的银粉_____。

二、判断题
1. 面漆起着装饰、标志和保护底材的作用。   (   )
2. 面漆按照成膜物质种类可分为纯色漆、金属漆和珍珠漆。   (   )
3. 喷涂技术（如枪距、走枪速度等）可以明显地影响银粉漆的外观。 (   )
4. 喷涂面漆前要把调好的金属漆搅拌均匀。   (   )
5. 经过表面预处理的车身金属表面一定有优良的附着力。   (   )

三、单选题
1. 喷涂银粉漆前，干磨中涂漆应使用的砂纸型号是（   ）。
A. P1000   B. P400   C. P500
2. 喷涂银粉漆时，粘尘布的作用是（   ）。
A. 清洁表面水雾   B. 除静电
C. 清除喷涂时散落在工件上的漆雾
3. 在双工序底色漆施工时，稀释剂的选择应依据（   ）。
A. 施工速度   B. 施工温度及面积
C. 施工面积
4. 使银粉漆颜色显得深一些的喷涂技术是（   ）。
A. 调小扇面   B. 走枪快一些   C. 用快干稀释剂
5. 关于面漆的作用，叙述不正确的是（   ）。
A. 填充作用   B. 装饰作用   C. 保护作用

任务三 喷涂水性银粉漆

【信息收集】

一、我们的学习任务是什么？

二、喷涂水性银粉漆要准备什么工具、材料？

三、为了顺利完成本任务，请按要求完成下列信息的收集。

1. 查阅产品手册，水性纯色漆与稀释剂的比例是_____，水性银粉漆与稀释剂的比例是_____。

2. 喷枪口径是_____，喷涂气压是_____，喷涂效果层气压是_____。

3. 喷涂前先用_____清洁，再用_____清洁。

4. 喷涂过程中用_____吹干。

【制订计划】

一、教师引导学生根据已明确的学习任务制订水性银粉漆喷涂计划。

1. 写出水性银粉漆喷涂方法。

2. 写出喷涂过程中的注意事项。

3. 查阅教材或产品手册，找到技术标准并记录。

二、要完成本任务，你认为哪些事项是必须要遵守的，请在表4-9中相应的注意事项处画"√"。

表4-9 注意事项表

注 意 事 项	选	择
工具整齐摆放，不搁地	□是	□否
油漆不落地，工具轻拿轻放	□是	□否
喷枪、吹风筒使用后要清洁保养	□是	□否
喷涂过程四要素	□是	□否
喷枪参数的调整	□是	□否
工作完成后进行工作现场6S	□是	□否
其他		

【实施计划】

根据制订的水性银粉漆喷漆任务，在表4-10中记录操作过程中存在的问题，找出解决方法。

表4-10 记录表

序号	项 目	存 在 问 题	解 决 方 法
1	安全防护用品穿戴		
2	调配色漆		
3	喷枪调整		
4	喷涂方法		
5	吹风筒使用		
6	喷枪清洗		

【检查与考评】

记录员根据表4-11的评分细则对操作人员进行评分，并做好记录。

表4-11 水性银粉漆喷涂评分表

序号	步 骤	分值	技术要求/扣分要点	扣分	得分
1	安全防护	5	戴防护眼镜、防毒面具、耳塞、防溶剂手套和穿安全鞋、工作服。如果整个操作过程中有一项防护用品佩戴错误或未戴，不得分；短时间摘除眼镜检查工件或擦干净眼镜不扣分		
2	粘尘	15	1）喷涂前对工件进行了粘尘，粘尘布使用方法正确，将粘尘布充分展开再折叠后，对喷涂区域进行粘尘扣5分 2）喷涂前未对工件粘尘扣15分；粘尘布使用方法错误，直接用拆封粘尘布对喷涂区域进行粘尘扣5分（未做充分展开动作）		

(续)

序号	步骤	分值	技术要求/扣分要点	扣分	得分
3	喷涂过程	15	1) 在喷涂下一道色漆前，观察漆面（色漆-哑光）以判断闪干情况；喷涂过程中无打磨、补喷操作 2) 色漆喷涂下一道前未观察，且记录员发现色漆未闪干，每次扣5分，调整雾喷层之前闪干不评分 3) 自身原因造成喷涂过程中打磨、补喷，每次扣5分，扣完为止		
4	底色漆露底、起花（起云）、流挂	60	区分明显或不明显（主观评分，明显类：45°、90°、135°这3个角度观察，有两个或以上角度明显可见），明显类，露底（漏喷）、起云、流挂面积每5cm×5cm之内每处，或长度5cm之内每处扣5分，大于5cm×5cm或5cm时按面积或长度倍数扣分；不明显类（某一个特定角度可见，较不明显，可交车），面积每5cm×5cm之内每处扣3分，扣完为止，大于5cm×5cm或5cm时按面积或长度倍数扣分		
5	6S	5	1) 产品包装盖盖好 2) 工具、工作台恢复原状 3) 废弃物分类丢弃 不按要求操作扣5分		
	分数合计	100			

操作时间：30min　　　　　　　　　　　　　　　　日期：　　年　　月　　日

【评价反馈】

根据实际学习效果进行自我评价、小组评价、教师评价，评价表见表4-12。

表4-12　评价表

学习内容		学习时间	
任课教师		学生姓名	
自我评价			
1. 会正确调整喷枪吗		会□	不会□
2. 会正确使用喷枪吗		会□	不会□
3. 会正确喷涂水性银粉漆吗		会□	不会□

4. 你认为自己还有哪些知识没有学好

5. 通过本任务的学习，你认为还有哪些需要改进的地方？

小组评价

---

1. 工作页完成情况。（　　）
   A. 填写完整　　　B. 缺失 0～20%　　　C. 缺失 20%～40%　　　D. 缺失 40% 以上

2. 能否主动与组内成员积极沟通并协助其他成员共同完成学习任务？（　　）
   A. 积极主动　　　B. 不够主动　　　C. 不愿协助

3. 能否主动参与工作现场的清洁和整理工作？（　　）
   A. 积极主动参与 6S 工作　　　　　　　B. 在组长的要求下参与 6S 工作
   C. 在组长的要求下参与 6S 工作，但效果差　　　D. 不愿参与 6S 工作

4. 总体印象评价。（　　）
   A. 非常优秀　　　B. 比较优秀　　　C. 有待改进　　　D. 急需改进

5. 其他建议：

小组长签名：　　　　年　月　日

教师评价

教师签名：　　　　年　月　日

【知识巩固】

一、填空题

1. 正常情况下水性底色漆的喷涂时间（清漆之前的喷涂、闪干总时间）为_____。

2. 颜色遮盖性能更好，水性底色漆较传统溶剂型底色漆平均能节省约_____的用量。

3. 水性底色漆漆膜厚度较溶剂型底色漆薄，_____更好，表面更_____，配合高质量清漆，表面效果更为清澈_____、光泽_____。

4. 如果没有过滤网，则需要使用水性漆专用的_____网眼尼龙过滤网。

5. 在使用吹风筒时，应从工件侧上方沿_____吹向工件。

二、判断题

1. 水性漆色母在使用前需要搅拌至少 5min。（   ）
2. 水性漆调配时可以不戴防毒面具，因为它是环保的。（   ）
3. 虽然水性漆很环保，但也需用处理油性漆废物的方法进行处理。（   ）
4. 可以用去离子水代替溶剂来稀释水性漆进行喷涂。（   ）
5. 喷涂不同颜色的水性漆时，可以用水性清洁剂来清洗喷枪。（   ）

三、选择题

1. 下列不符合水性漆储存要求的是（   ）。

A. 存放温度应控制在 5～35℃ 范围内

B. 避免暴露在冰冻或霜冻环境中

C. 应存放在干燥、凉爽并远离热源的地方

D. 存放在普通货架上

2. 在水性漆施工过程中，下列不符合要求的是（   ）。

A. 尽量加快烤漆房风速，以加速干燥，提高效率

B. 使用塑料容器调配油漆

C. 佩戴的个人防护工具，与油性漆施工时要求一样

D. 需要使用专用的吹风机帮助干燥

3. PPG 水性实色漆的推荐稀释比例为（   ）。

A. 按 1∶1 的比例用去离子水稀释

B. 按 5% 的比例加入去离子水即可

C. 按 10% 的比例加入去离子水即可

D. 按 15% 的比例加入去离子水即可

4. 在储存条件合适的情况下，已开罐未稀释的 PPG 水性色母的保质期是（   ）。

A. 3 个月　　　　　B. 16 个月　　　　　C. 12 个月　　　　　D. 6 个月

5. 喷涂银粉漆的效果层气压是（   ）。

A. 入口气压为 2.0bar　　　　　B. 入口气压为 3.0bar

C. 入口气压为 1.3～1.5bar　　　D. 入口气压为 1.1～1.2bar

任务四　喷涂清漆

【信息收集】

一、我们的学习任务是什么？

二、喷涂清漆要准备什么工具、材料？

三、为了顺利完成本任务，请按要求完成下列信息的收集。
1. 查阅产品手册，清漆与固化剂与稀释剂的比例是_____。
2. 喷枪口径是_____，喷涂气压是_____。

【制订计划】

一、教师引导学生根据已明确的学习任务制订清漆喷涂计划。
1. 写出清漆喷涂方法。

2. 写出喷涂过程中的注意事项。

3. 查阅教材或产品手册，找到技术标准并记录。

二、要完成本任务，你认为哪些事项是必须要遵守的，请在表 4-13 中相应的注意事项处画"√"。

表 4-13　注意事项表

注 意 事 项	选	择
工具整齐摆放，不搁地	□是	□否
油漆不落地，工具轻拿轻放	□是	□否
喷枪使用后要清洁、保养	□是	□否
喷涂过程四要素	□是	□否
喷枪参数的调整	□是	□否
工作完成后进行工作现场 6S	□是	□否
其他		

【实施计划】

根据制订的清漆喷涂计划任务，在表 4-14 中记录操作过程中存在的问题，找出解决方法。

表 4-14　记录表

序号	项　目	存 在 问 题	解 决 方 法
1	安全防护用品穿戴		
2	调配清漆		
3	喷枪调整		
4	喷涂方法		
5	喷枪清洗		

【检查与考评】

记录员根据表 4-15 的评分细则对操作人员进行评分，并做好记录。

表 4-15　清漆喷涂评分

序号	步骤	分值	技术要求/扣分要点	扣分	得分
1	安全防护	2	戴防护眼镜、防毒面具、耳塞、防溶剂手套和穿安全鞋、工作服。如果整个操作过程中有一项防护用品佩戴错误或未戴，不得分；短时间摘除眼镜检查工件或擦干净眼镜不扣分		
2	喷涂过程	5	1）在喷涂下一道色漆或清漆前，观察漆面（色漆-哑光）或指触（色漆、清漆）以判断闪干情况；喷涂过程中无打磨、补喷操作 2）色漆喷涂下一道前未观察或未指触，且记录员发现色漆未闪干，每次扣 0.5 分，调整雾喷层之前闪干不评分 3）自身原因造成喷涂过程中打磨、补喷，每次扣 1 分		

（续）

序号	步骤	分值	技术要求/扣分要点	扣分	得分
3	原子灰印、原子灰砂眼、咬底（咬边）、砂纸痕	15	区分明显或不明显（主观评分，明显类：多个角度明显可见，无法交车，3人一组共同评分，两人意见一致通过），明显类，每5cm×5cm大小之内一片凹凸不平（非损伤处理部位，工件表面本身原有凹凸不平不计分）或原子灰印、原子灰砂眼、咬底（咬边）、砂纸痕，每5cm长度之内原子灰印或砂纸痕每处扣2分，大于5cm×5cm或5cm时按面积或长度倍数扣分，扣完为止		
4	与目标色板颜色近似度	13	存在底色漆露底、起花缺陷时，用目标色板和未发花、露底部位比色 1) 正侧面都很接近，边对边对比无色差，扣15分 2) 比较接近，有微小差别，可边对边交车，扣12~14分 3) 比较接近，有微小差别，边对边无法交车，能够过渡喷涂，扣8~11分 4) 差距更大，过渡无法解决，看起来要继续微调才可过渡，扣10~12分 5) 差距过大，不像是同一颜色，需要大量色母才能微调，扣15分		
5	清漆流平、均匀度、饱满度表现	30	清漆流平、均匀度、饱满度总体表现（不评价本项没有注明的其他缺陷） 清漆漏喷（无清漆）：边角位置每5cm扣1分，其他位置以面积计每5cm×5cm扣1分，以倍数计 喷涂过薄（需要抛光但抛光即会抛穿）：边角或轮眉位置每5cm扣0.5分，其他位置以面积计每5cm×5cm扣0.5分，以倍数计 整板需抛光，视流平、均匀度、光泽度、饱满度对比扣15~20分；对于不均匀导致的局部抛光，先确定扣分值，再乘以比例（例如，不均匀处应扣30分，75%的面积需抛光，否则扣22.5分，50%的面积需抛光，则扣15分，点抛每处扣2分）；达到不需抛光效果不扣分（以桔皮、亮度、均匀度整体评价）；以上评分上、下限视流平、均匀程度而评分 同一部位不能同时扣返工及抛光分数，例如：需重喷部位不再扣需抛光分数，不同部位根据严重程度各自扣需抛光或需返工修补分	·	

(续)

序号	步骤	分值	技术要求/扣分要点	扣分	得分
6	其他漆膜缺陷	30	鱼眼、起泡、针孔、印痕（含碰伤）、清漆垂流等需要返工重喷清漆的缺陷，需整喷清漆返工扣24分，需修补清漆面积为75%～99%的扣18～23分，需修补清漆面积为50%～74%的扣12～17分；需修补清漆面积为25%～49%的扣6～11分；色漆流挂的扣24分 可抛光缺陷：轻微鱼眼、起泡、针孔、印痕（含碰伤）、垂流（边角或板面上厚但未垂流或轻微垂流，抛光后即可交车，板件安装后被遮挡部位不扣分）等，需整片抛光的扣12分，需抛光75%～99%的面积的扣9～11分，需抛光50%～74%的面积的扣5～8分，需抛光25%～49%的面积的扣1～4分，需局部点抛的每点扣0.5分，无须抛光的满分 如缺陷轻微至无须打磨即可抛光，则扣分减半。同一部位不能同时扣返工及抛光分数，例如：需重喷部位不再扣需抛光分数，不同部位根据严重程度各自扣需抛光或需返工修补分		
7	6S	5	1）产品包装盖盖好 2）工具、工作台恢复原状 3）废弃物分类丢弃 不按要求操作扣5分		
	分数合计	100			

时间：20min　　　　　　　　　　　　　　　　　　　　　　　日期：　年　月　日

【评价反馈】

根据实际学习效果进行自我评价、小组评价、教师评价，评价表见表4-16。

表4-16　评价表

学习内容		学习时间	
任课教师		学生姓名	
自我评价			
1. 会正确调整喷枪吗		会☐	不会☐
2. 会正确使用喷枪吗		会☐	不会☐
3. 会正确喷涂清漆吗		会☐	不会☐

4. 你认为自己还有哪些知识没有学好？

5. 通过本任务的学习，你认为还有哪些需要改进的地方？

小组评价

1. 工作页完成情况。（　　）
   A. 填写完整　　B. 缺失 0~20%　　C. 缺失 20%~40%　　D. 缺失 40%以上

2. 能否主动与组内成员积极沟通并协助其他成员共同完成学习任务？（　　）
   A. 积极主动　　B. 不够主动　　C. 不愿协助

3. 能否主动参与工作现场的清洁和整理工作？（　　）
   A. 积极主动参与6S工作　　　　　　B. 在组长的要求下参与6S工作
   C. 在组长的要求下参与6S工作，但效果差　　D. 不愿参与6S工作

4. 总体印象评价。（　　）
   A. 非常优秀　　B. 比较优秀　　C. 有待改进　　D. 急需改进

5. 其他建议：

小组长签名：　　　　年　月　日

教师评价

教师签名：　　　　年　月　日

【知识巩固】

一、填空题

1. 如果喷涂过厚，增加闪干时间，易造成_____等缺陷。

2. 自干型清漆一般用于维修行业，它既能在室温下自然干燥，也能低温烘烤，烘烤温度可设定为_____。

3. 清漆一般含有减少紫外线照射的_____功能，只要清漆层完好无损，它可有效延缓_____的老化。

4. 使用 P190-6850 清漆喷涂两个单层（中湿层+全湿层），清漆总膜厚应达到_____。

5. 在喷涂第二道清漆前，必须留有足够的闪干时间，根据环境温度的不同，一般需要_____ min。

二、判断题
1. 喷枪的喷嘴和气帽是雾化的关键。   (   )
2. 喷涂技术与喷枪移动速度、喷涂距离、喷涂路线等有关。   (   )
3. 喷枪喷涂时,每一层喷涂幅度与上一层喷涂幅度必须重叠1/2~3/4。   (   )
4. 施工场地应该配备防火设备。   (   )
5. 喷涂清漆时,可以用水性清洁剂来清洗喷枪。   (   )

三、选择题
1. 烤漆房的气流运行一般采用(   )。
 A. 上行式   B. 平行式   C. 下行式
2. 烤漆房喷涂时空气流速最好控制在(   )。
 A. 0.2~0.8m/s   B. 0.05~0.1m/s   C. 0.3~0.6m/s
3. 汽车修补涂装中,烤漆房温度一般调节到被烘烤物体表面温度(   )。
 A. 50℃   B. 70℃   C. 80℃
4. 车身中间涂层和面漆涂层的厚度一般控制在(   )。
 A. 100~130μm   B. 50~100μm   C. 150~200μm
5. 喷涂清漆的气压是(   )。
 A. 入口气压为2.0bar   B. 入口气压为3.0bar
 C. 入口气压为1.3~1.5bar   D. 入口气压为1.1~1.2bar

项目五　漆面抛光

任务一　打磨漆面缺陷

【信息收集】
一、我们的学习任务是什么？

二、漆面缺陷打磨要准备什么工具、材料？

三、为了顺利完成本任务，请按要求完成下列信息的收集。
1. 查阅资料，写出漆面流挂的原因。

2. 漆面流挂的修补方法有哪些？

3. 采用水磨方法用_____号水砂纸打磨。
4. 打磨完毕用_____清洁并检查。

【制订计划】
一、教师引导学生根据已明确的学习任务制订漆面缺陷打磨计划。
1. 写出漆面缺陷打磨的方法。

2. 写出打磨过程的注意事项。

二、要完成本任务，你认为哪些事项是必须要遵守的，请在表 5-1 中相应的注意事项处画"√"。

表 5-1　注意事项表

注意事项	选	择
工具整齐摆放，不搁地	□是	□否
砂纸选择	□是	□否
打磨时力度要轻，防止磨穿	□是	□否
工作完成后进行工作现场 6S	□是	□否
其他		

【实施计划】

根据制订的漆面缺陷打磨任务，在表 5-2 中记录操作过程中存在的问题，并找出解决方法。

表 5-2　记录表

序号	项目	存在问题	解决方法
1	安全防护用品穿戴		
2	选择砂纸		
3	遮蔽纸遮蔽		
4	打磨方法		
5	打磨效果		
6	工具、场地收拾		

【检查与考评】

记录员根据表 5-3 的评分细则对操作人员进行评分，并做好记录。

表 5-3　漆面缺陷打磨评分表

序号	项目	分值	技术要求/扣分要点	扣分	得分
1	个人安全防护	10	未按工序规范穿着工作服扣 5 分		
			未按工序规范佩戴防护眼镜扣 5 分		
2	打磨前检查漆面干燥情况	10	未检查漆膜干燥情况扣 10 分		
	选择砂纸	10	砂纸选择错误扣 5 分		
			砂纸使用错误扣 5 分		
	漆面遮蔽	5	用遮蔽纸遮蔽不需打磨的部位，不遮蔽扣 5 分		
	缺陷打磨	60	1）打磨有明显缺陷每处扣 10 分，扣完为止 2）打磨后出现砂纸痕，视砂纸痕严重程度每处扣 5～8 分，扣完为止 3）有磨穿现象扣除该项目全部分		

(续)

序号	项目	分值	技术要求/扣分要点	扣分	得分
3	6S	5	工作环境清洁,设备、工具归位。不按要求操作扣5分		
	分数合计	100			

操作时间:30min　　　　　　　　　　　　　　　日期:　　年　　月　　日

【评价反馈】

根据实际学习效果进行自我评价、小组评价、教师评价,评价表见表5-4。

表5-4　评价表

学习内容		学习时间	
任课教师		学生姓名	
自我评价			

1. 会正确选择砂纸吗　　　　　　　　　　会□　　　　　　　不会□
2. 会正确使用砂纸打磨吗　　　　　　　　会□　　　　　　　不会□
3. 会正确判断漆面缺陷的类型吗　　　　　会□　　　　　　　不会□
4. 会正确完成漆面缺陷打磨吗　　　　　　会□　　　　　　　不会□

5. 你认为自己还有哪些知识没有学好:

6. 通过本任务的学习,你认为还有哪些需要改进的地方:

小组评价

1. 工作页完成情况。(　　　)
   A. 填写完整　　　B. 缺失0~20%　　　C. 缺失20%~40%　　　D. 缺失40%以上
2. 能否主动与组内成员积极沟通并协助其他成员共同完成学习任务?(　　　)
   A. 积极主动　　　B. 不够主动　　　C. 不愿协助
3. 能否主动参与工作现场的清洁和整理工作?(　　　)
   A. 积极主动参与6S工作　　　　　　　　　B. 在组长的要求下参与6S工作
   C. 在组长的要求下参与6S工作,但效果差　　D. 不愿参与6S工作
4. 总体印象评价。(　　　)
   A. 非常优秀　　　B. 比较优秀　　　C. 有待改进　　　D. 急需改进

5. 其他建议：

小组长签名： 年 月 日

教师评价

教师签名： 年 月 日

【知识巩固】

一、填空题

1. 常见的漆面缺陷有_____。
2. 引起漆面桔皮的常见原因有：底材未打磨平整；涂料黏度高；涂膜过薄；喷枪_____，_____；喷涂_____，出漆量调节过低。
3. 引起流挂的常见原因有：_____，层与层之间闪干时间不够。
4. 通常可以使用偏心距小于 3mm 的双动作打磨机配合_____号精磨砂棉、_____号精磨砂棉、_____号精磨砂棉打磨缺陷。
5. 一旦出现原子灰印，就需要打磨原子灰印部位，然后重新刮涂原子灰并_____、_____。

二、判断题

1. 为了加快面漆的干燥速度，可增加固化剂的添加比例。（   ）
2. 漆面尘点缺陷可能是进出烤漆房的工作人员的防尘措施不规范造成的。（   ）
3. 流挂是涂装环境温度太高导致的。（   ）
4. 出现缩孔（鱼眼）可用 P1000 砂纸将表面磨平后，重新上件喷涂。（   ）
5. 喷涂后出现失光，不能通过打磨修复。（   ）

三、选择题

1. 符合环保和汽车行业标准的研磨方式是（   ）。
   A. 手工水磨　　　　　　　　　B. 手工干磨
   C. 集尘干磨　　　　　　　　　D. 气动工具水磨
2. 手工水磨可能产生的主要喷涂缺陷是（   ）。

A. 失光 B. 砂纸痕透现
C. "痱子"和漆膜脱落 D. 针孔过多

3. 研磨漆面较大疵点的方法是依次用 P1200、P1500、P2000 细砂纸（   ）研磨。

A. 旋转 B. 往复 C. 干式 D. 交叉

4. 修补喷涂时产生原子灰下陷的主要原因是（   ）。

A. 原子灰不良 B. 底漆不良 C. 面漆不良 D. 干燥不彻底

5. 修补喷涂时产生砂纸痕透现的主要原因是（   ）。

A. 砂纸运用不合理 B. 底漆不良
C. 面漆不良 D. 原子灰不良

6. 修补喷漆时，面漆抛不出高光泽或抛光效率低的主要原因是（   ）。

A. 砂纸不良 B. 研磨剂不良 C. 面漆没干透 D. 抛光盘不良

7. 漆面龟裂处理的方法是（   ）。

A. 双组分底漆隔离 B. 除去旧漆
C. 红灰隔离 D. 原子灰隔离

8. 漆面"起痱子"处理的方法是（   ）。

A. 双组分底漆隔离 B. 除去旧漆
C. 红灰隔离 D. 原子灰隔离

9. 造成漆面桔皮的原因是（   ）。

A. 喷涂油漆膜厚太厚
B. 喷枪离工件距离太近，移动速度太慢
C. 各层漆间的流平时间不足
D. 油漆黏度太低

10. （   ）不是出现漆面剥落（起皮）的原因。

A. 下层表面受到蜡、油脂、脱模剂或水等的污染
B. 相邻两层油漆之间结合紧密
C. 基材表面结合力不好
D. 底漆漆膜太薄或没喷底漆

任务二 抛 光 漆 面

【信息收集】

一、我们的学习任务是什么？

二、漆面抛光要准备什么工具、材料？

三、为了顺利完成本任务，请按要求完成下列信息的收集。
1. 粗抛时，抛光机的转速设置为_____ r/min。
2. 精抛时，抛光机的转速设置为_____ r/min。
3. 粗和细抛光剂分别有什么用途？

4. 如何检查抛光过程的温度？

【制订计划】

一、教师引导学生根据已明确的学习任务制订漆面抛光计划。
1. 写出漆面抛光方法。

2. 写出抛光过程中的注意事项。

3. 查阅教材或产品手册，找到技术标准并记录。

二、要完成本任务，你认为哪些事项是必须要遵守的，请在表 5-5 中相应的注意事项处画"√"。

表 5-5　注意事项表

注 意 事 项	选　　　择	
工具整齐摆放，不捆地	□是	□否
抛光剂不落地，工具轻拿轻放	□是	□否
抛光垫使用后要清洁、保养	□是	□否
调整抛光机参数	□是	□否
工作完成后进行工作现场 6S	□是	□否
其他		

【实施计划】

根据制订的漆面抛光任务，在表 5-6 中记录操作过程中存在的问题，找出解决方法。

表 5-6　记录表

序号	项　　目	存 在 问 题	解 决 方 法
1	安全防护用品穿戴		
2	调配抛光机转速		
3	抛光剂选择		
4	抛光方法		
5	打蜡方法		
6	抛光后的清洁		

【检查与考评】

记录员根据表 5-7 的评分细则对操作人员进行评分，并做好记录。

表 5-7　漆面抛光评分表

序号	项　　目	分值	技术要求/扣分要点	扣分	得分
1	个人安全防护	10	未按工序规范穿着工作服扣 5 分		
			未按工序规范佩戴防护眼镜扣 5 分		

(续)

序号	项目	分值	技术要求/扣分要点	扣分	得分
2	抛光前清洁抛光面	8	抛光前应正确清洁抛光面（要求用擦拭布擦干净，再用气枪吹干表面），否则扣 8 分		
	抛光机转速调试	8	抛光机调试错误扣 4 分		
			抛光垫安装错误扣 4 分		
	漆面抛光	24	1）均匀涂抹抛光剂 2）粗抛，达到去除砂纸打磨的痕迹即可 3）精抛时注意检查漆面温度，防止抛穿 不按要求操作，每项扣 8 分		
	表面缺陷	45	无须再抛光满分；需再次局部点抛，每点扣 5 分，需再次抛光 25%～49% 的面积的扣 15 分；需再次抛光 74% 的面积的扣 20 分，需再次抛光 75%～99% 的面积的扣 25 分		
			光泽效果视面积光泽不一致程度每处扣 5～10 分		
			抛穿扣除该项目全部分		
3	6S	5	工作环境清洁，设备、工具归位，未按要求操作扣 5 分		
	分数合计	100			

操作时间：30min　　　　　　　　　　　　　　　　日期：　　年　　月　　日

【评价反馈】

根据实际学习效果进行自我评价、小组评价、教师评价，评价表见表 5-8。

表 5-8　评价表

学习内容		学习时间	
任课教师		学生姓名	
自我评价			
1. 会正确调整抛光机转速吗		会□	不会□
2. 会正确使用抛光机吗		会□	不会□
3. 会正确完成漆面抛光吗		会□	不会□
4. 会正确完成漆面打蜡吗		会□	不会□

5. 你认为自己还有哪些知识没有学好：

6. 通过本任务的学习，你认为还有哪些需要改进的地方：

<hr>

小组评价

1. 工作页完成情况。（　　）
   A. 填写完整　　　　B. 缺失 0～20%　　　　C. 缺失 20%～40%　　　　D. 缺失 40% 以上

2. 能否主动与组内成员积极沟通并协助其他成员共同完成学习任务？（　　）
   A. 积极主动　　　　B. 不够主动　　　　C. 不愿协助

3. 能否主动参与工作现场的清洁和整理工作？（　　）
   A. 积极主动参与 6S 工作　　　　　　　　B. 在组长的要求下参与 6S 工作
   C. 在组长的要求下参与 6S 工作，但效果差　　D. 不愿参与 6S 工作

4. 总体印象评价。（　　）
   A. 非常优秀　　　　B. 比较优秀　　　　C. 有待改进　　　　D. 急需改进

5. 其他建议：

小组长签名：　　年　月　日

<hr>

教师评价

教师签名：　　年　月　日

<hr>

【知识巩固】

一、填空题

1. 抛光机是利用抛光垫旋转对涂层表面进行修饰的工具。按照抛光机的动力来分，有＿＿＿＿和＿＿＿＿两种。

2. 对于抛光垫的材料来说，有＿＿＿＿、＿＿＿＿和＿＿＿＿ 3 类。

3. 汽车修补涂装用抛光剂，由有机溶剂与加有水和油的研磨剂制成，按研磨剂颗粒的大小不同，分为＿＿＿＿、＿＿＿＿和＿＿＿＿等。

4. 将配有粗抛光垫的抛光机的转速调至＿＿＿＿ r/min，并轻轻地平放在漆面上。

5. 抛光主要是为了增加漆膜的光泽度与平滑度，消除漆面的＿＿＿＿＿＿＿＿＿＿＿＿＿＿＿＿＿＿＿＿的缺陷。

二、判断题
1. 抛光蜡含有细微、柔和的研磨材料，可以消除车漆表面的细小划痕。（　　）
2. 漆面桔皮现象是喷涂涂料时，湿涂膜不能充分流动，未形成平滑的干漆膜面，出现似桔皮状凹凸不平的痕迹。（　　）
3. 精抛时应选用颗粒较小的抛光剂。（　　）
4. 打蜡时，可不按一定的顺序任意进行，以保证打蜡的效率。（　　）

三、单选题
1. 初始抛光面漆时，抛光机的转速定在（　　）r/min 为宜。
   A. 600　　　　　　B. 1000　　　　　　C. 2000　　　　　　D. 3000
2. 选择膏状研磨剂抛光时，操作的要领是（　　）。
   A. 不用水　　　　　　　　　　B. 少用水少抹蜡
   C. 多用水多抹蜡　　　　　　　D. 多用水少抹蜡
3. 抛光后进行清洁的正确顺序是（　　）。
   A. 漆面清洁→玻璃清洁→边缝清洁→轮毂清洁
   B. 玻璃清洁→漆面清洁→边缝清洁→轮毂清洁
   C. 玻璃清洁→边缝清洁→漆面清洁→轮毂清洁
   D. 漆面清洁→玻璃清洁→轮毂清洁→边缝清洁
4. 对发丝划痕进行抛光处理时，抛光机的转速为（　　）。
   A. 1000～1500r/min　　　　　　B. 1200～1500r/min
   C. 1500～2000r/min　　　　　　D. 2000r/min 以上
5. （　　）不是车蜡的主要功能。
   A. 减小漆面的表面粗糙度值　　　B. 研磨抛光
   C. 保护漆面　　　　　　　　　　D. 清洗漆面
6. 下列抛光盘材料中，不适合作为研磨抛光盘的材料有（　　）。
   A. 羊毛　　　　　B. 混纺毛　　　　　C. 亚麻　　　　　D. 海绵
7. （　　）不能通过抛光消除。
   A. 桔皮　　　　　B. 流挂　　　　　　C. 失光　　　　　D. 露底
8. 抛光作业需要环境清洁、有良好的通风和光照，最好选择（　　）环境。
   A. 温度适宜　　　B. 露天　　　　　　C. 阴天　　　　　D. 无尘